I0443215

THIS BOOK BELONGS TO:

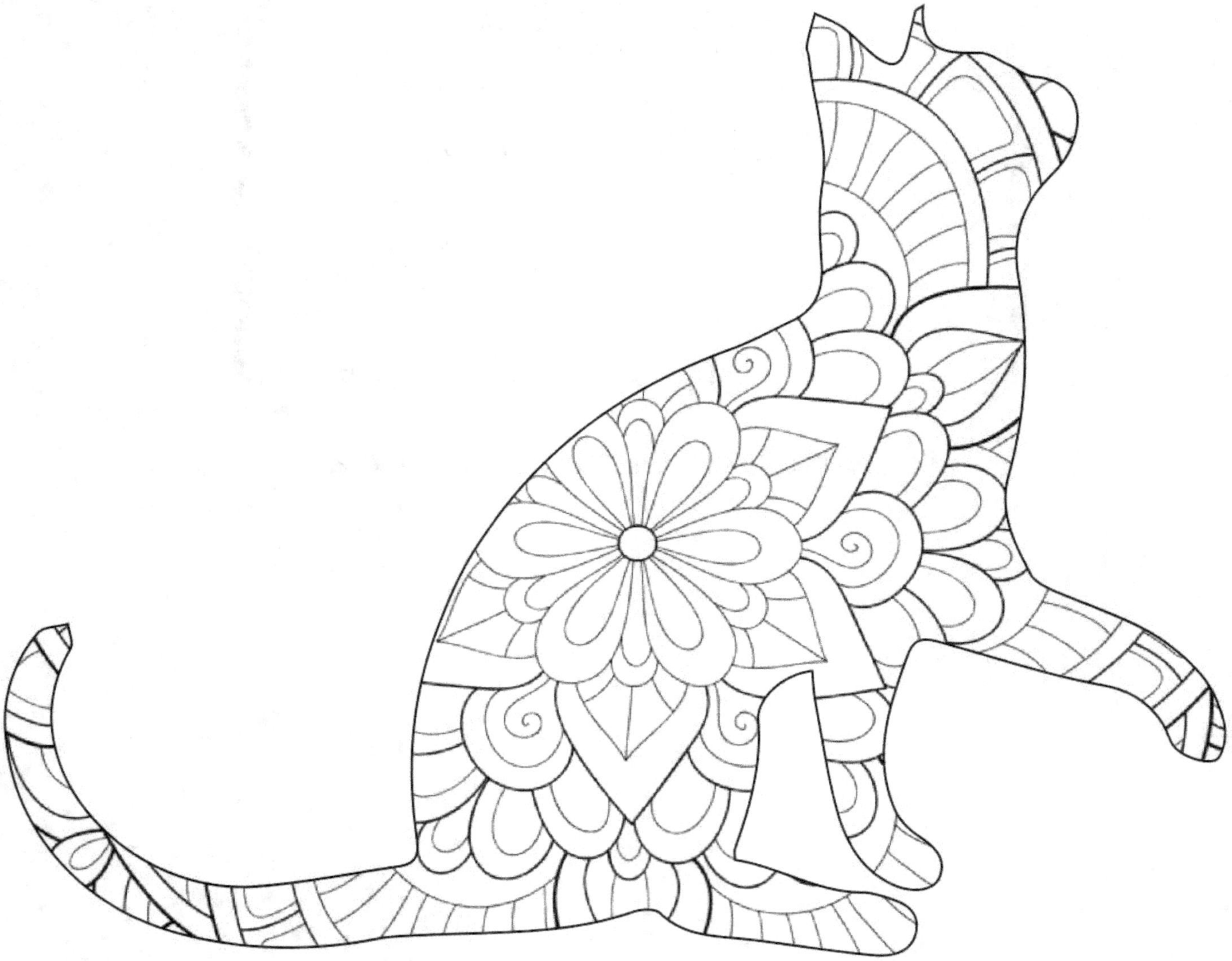

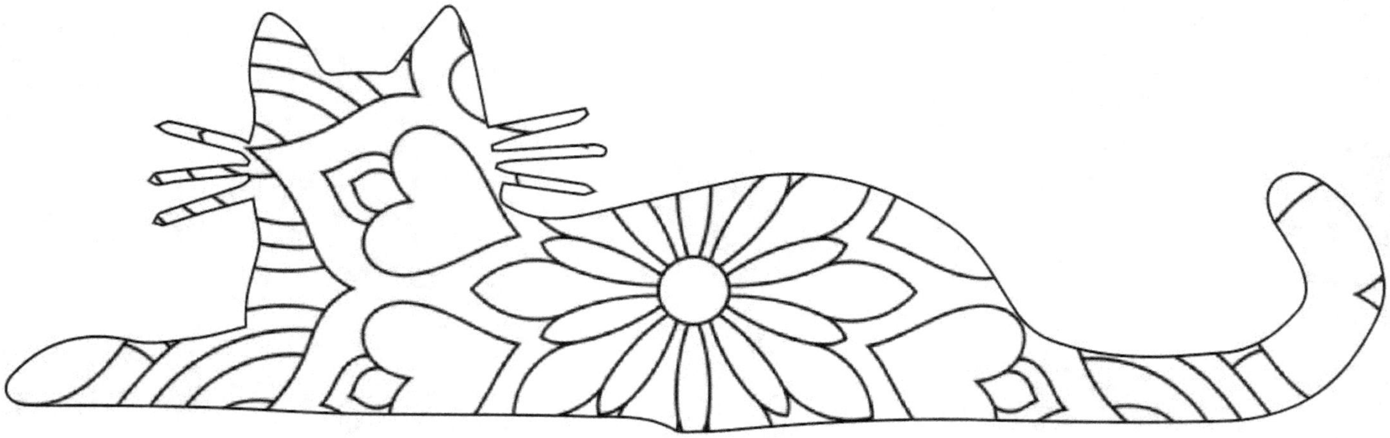

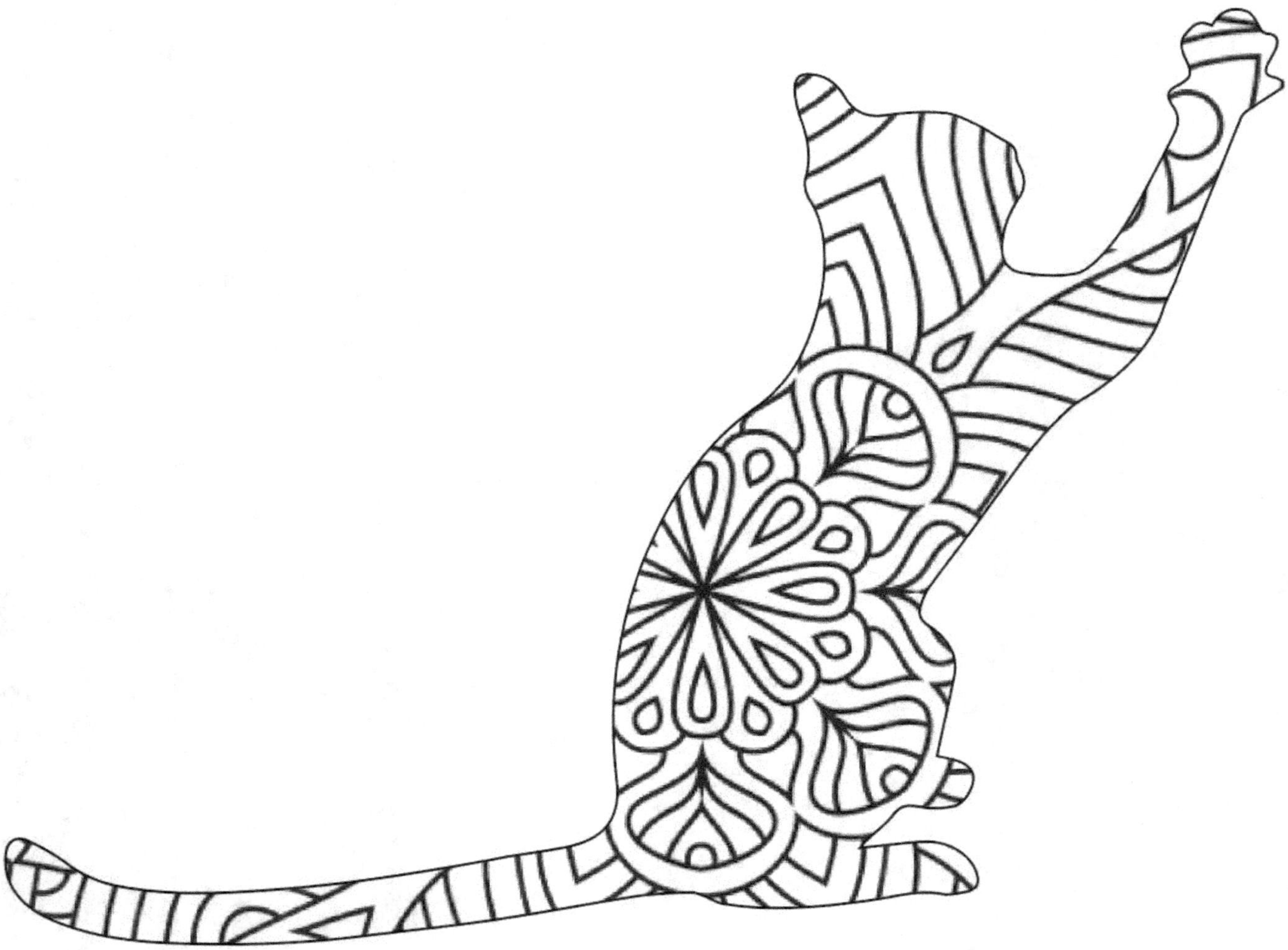

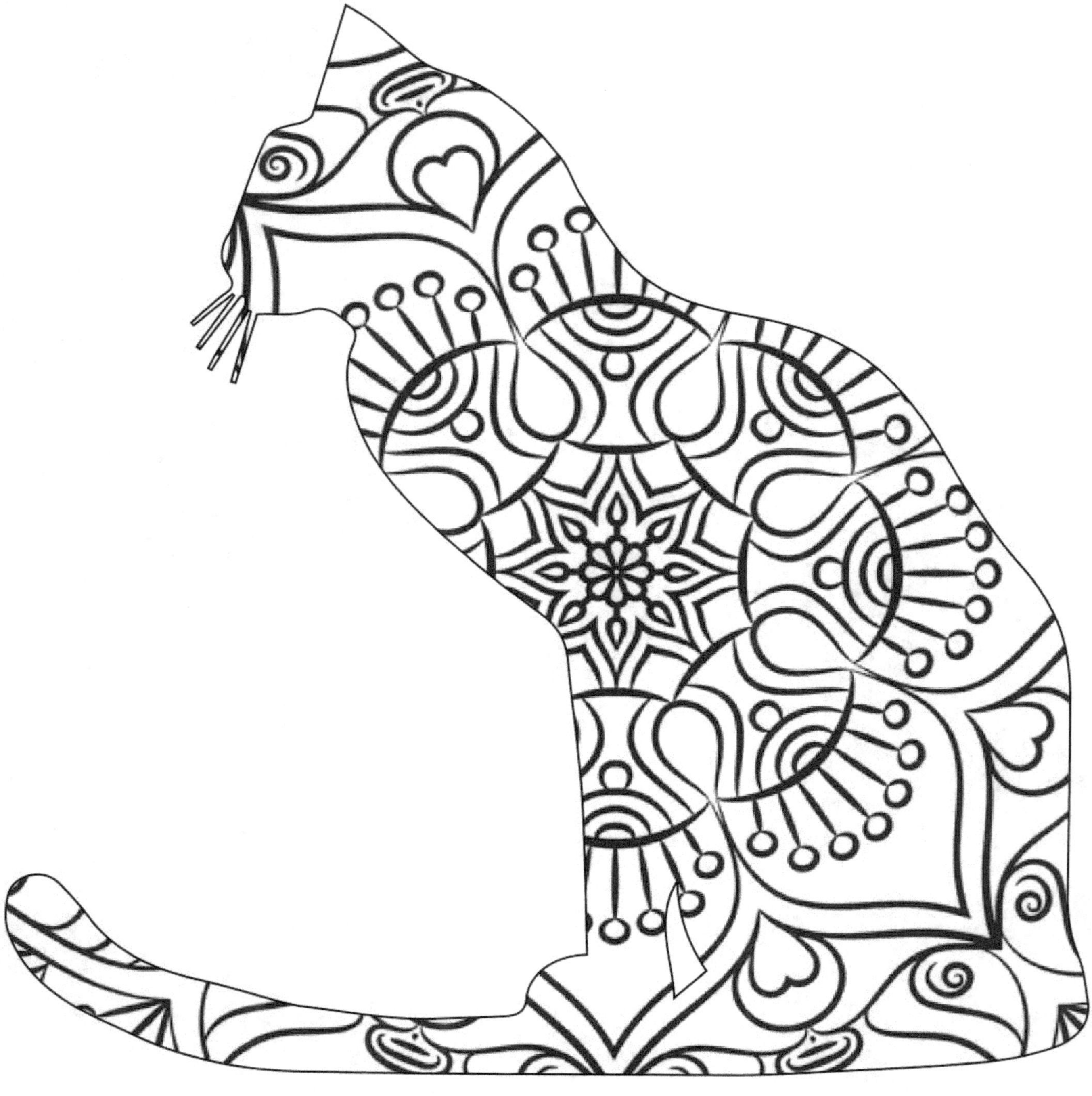

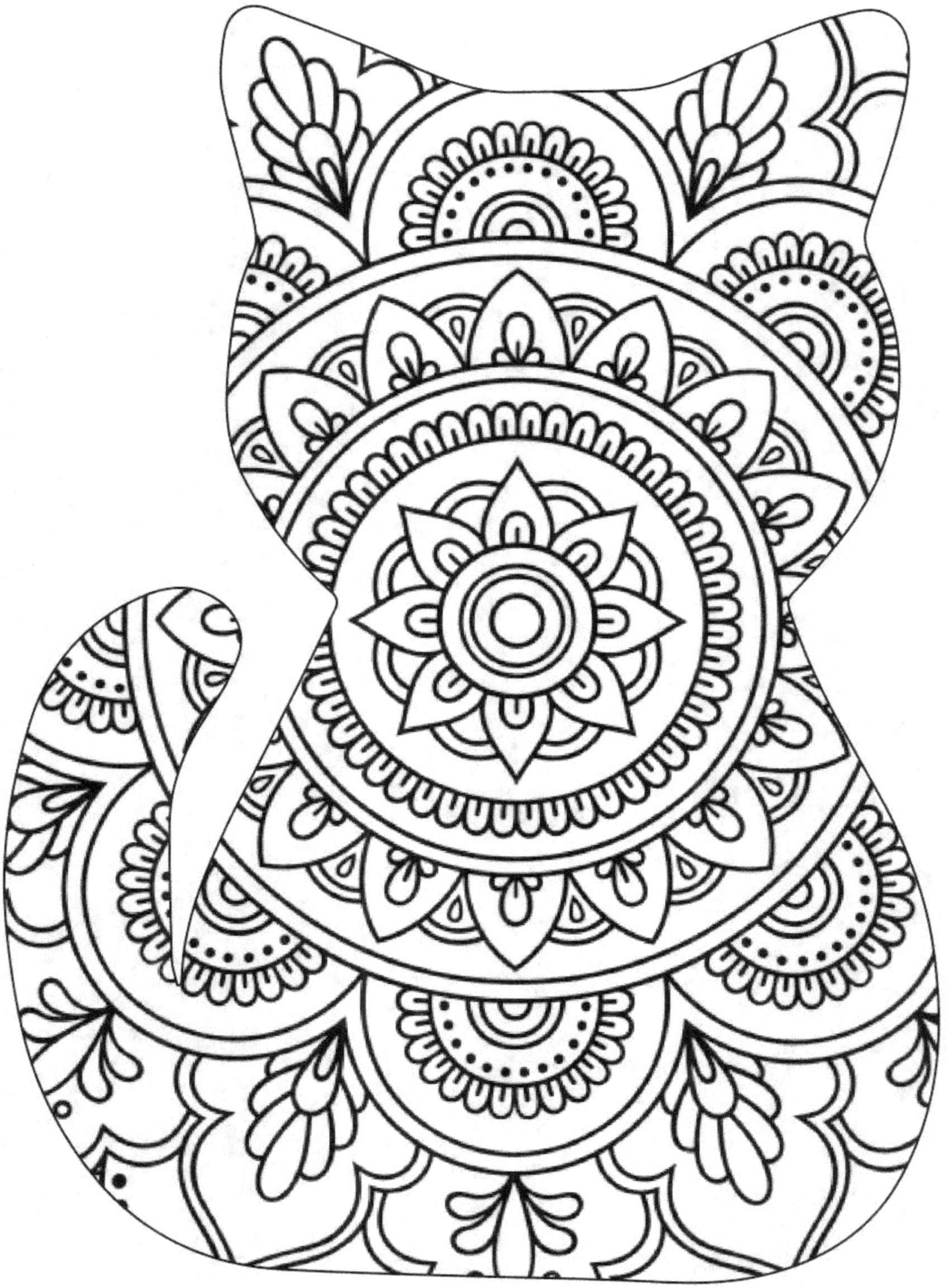

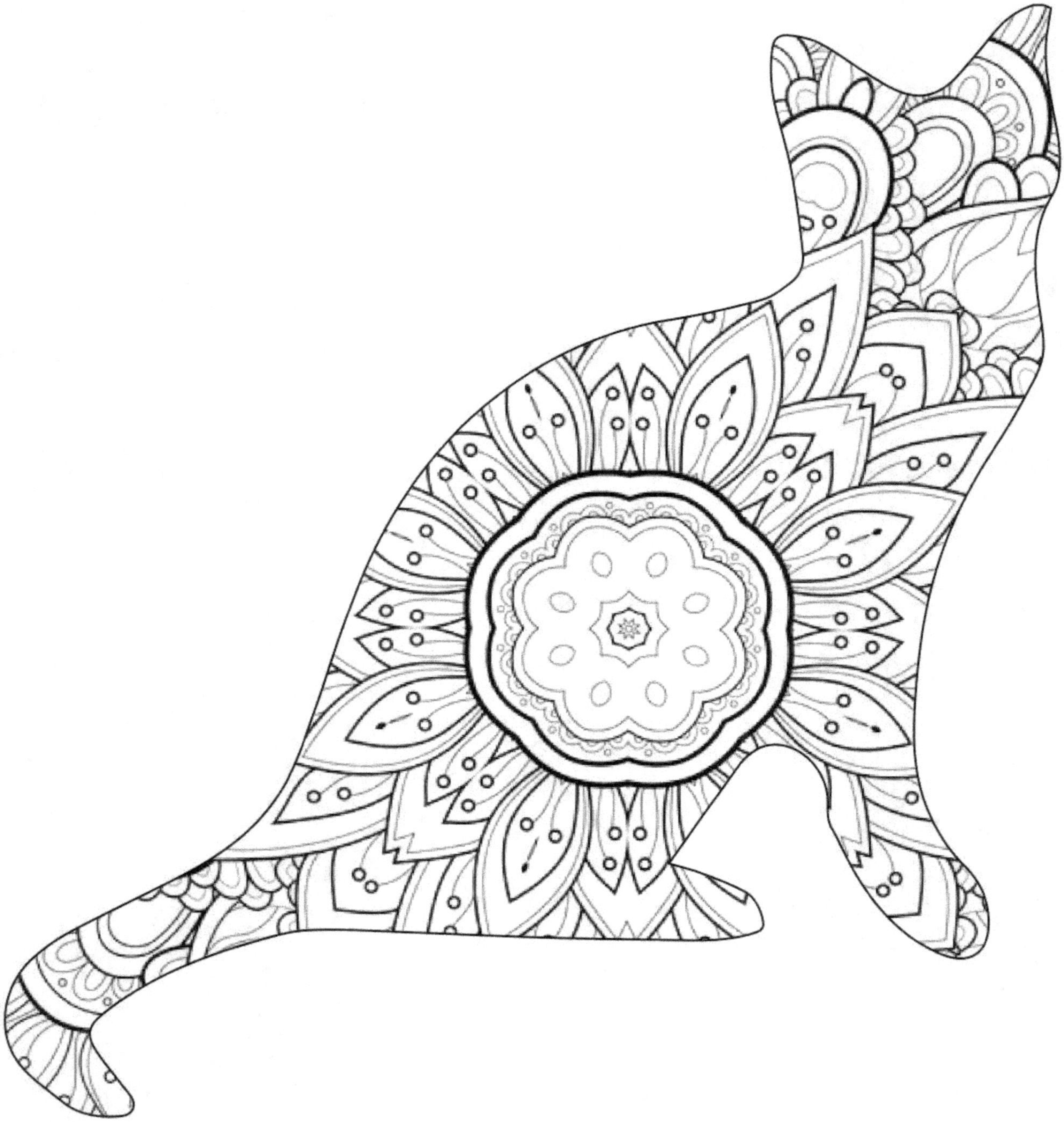

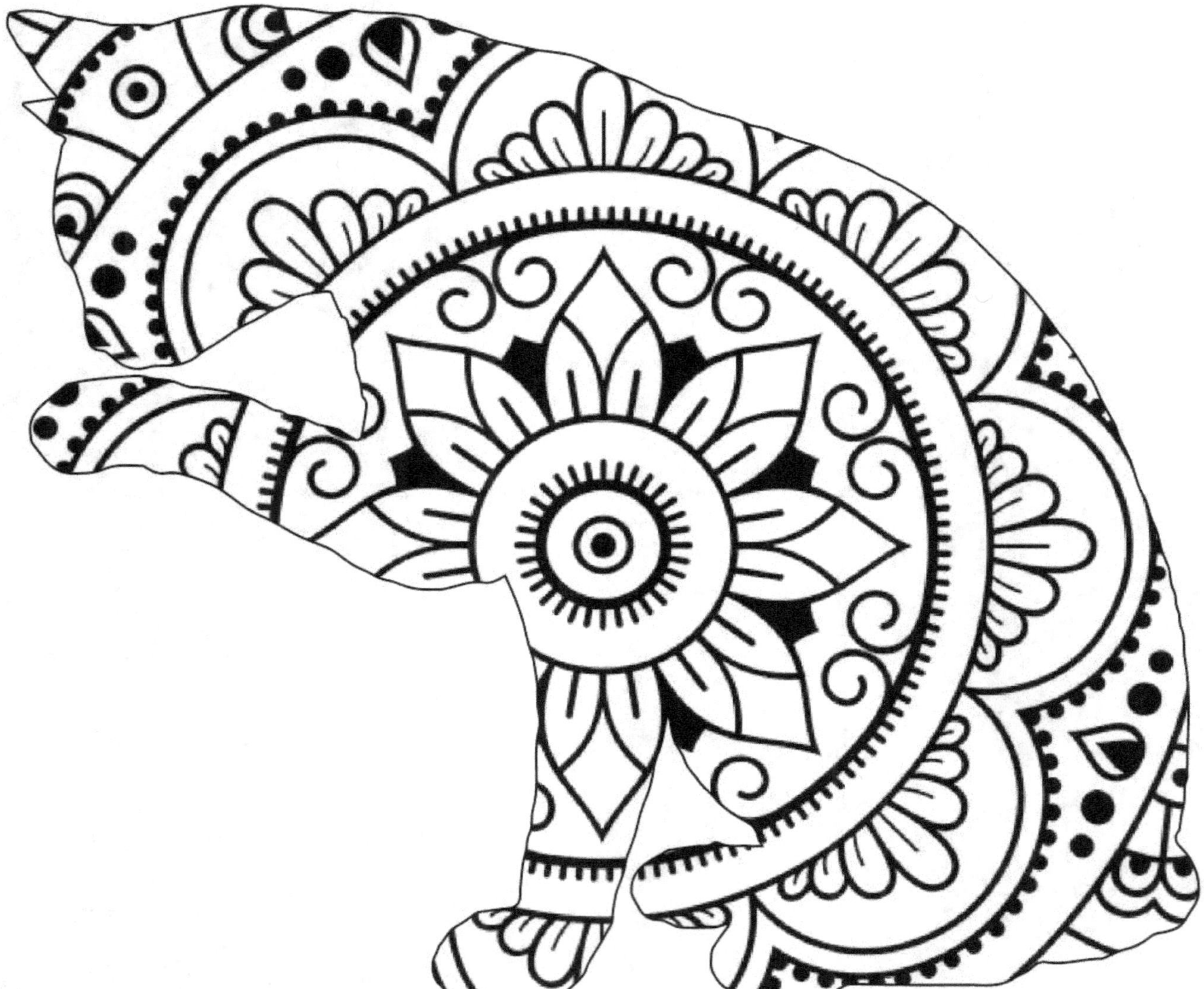

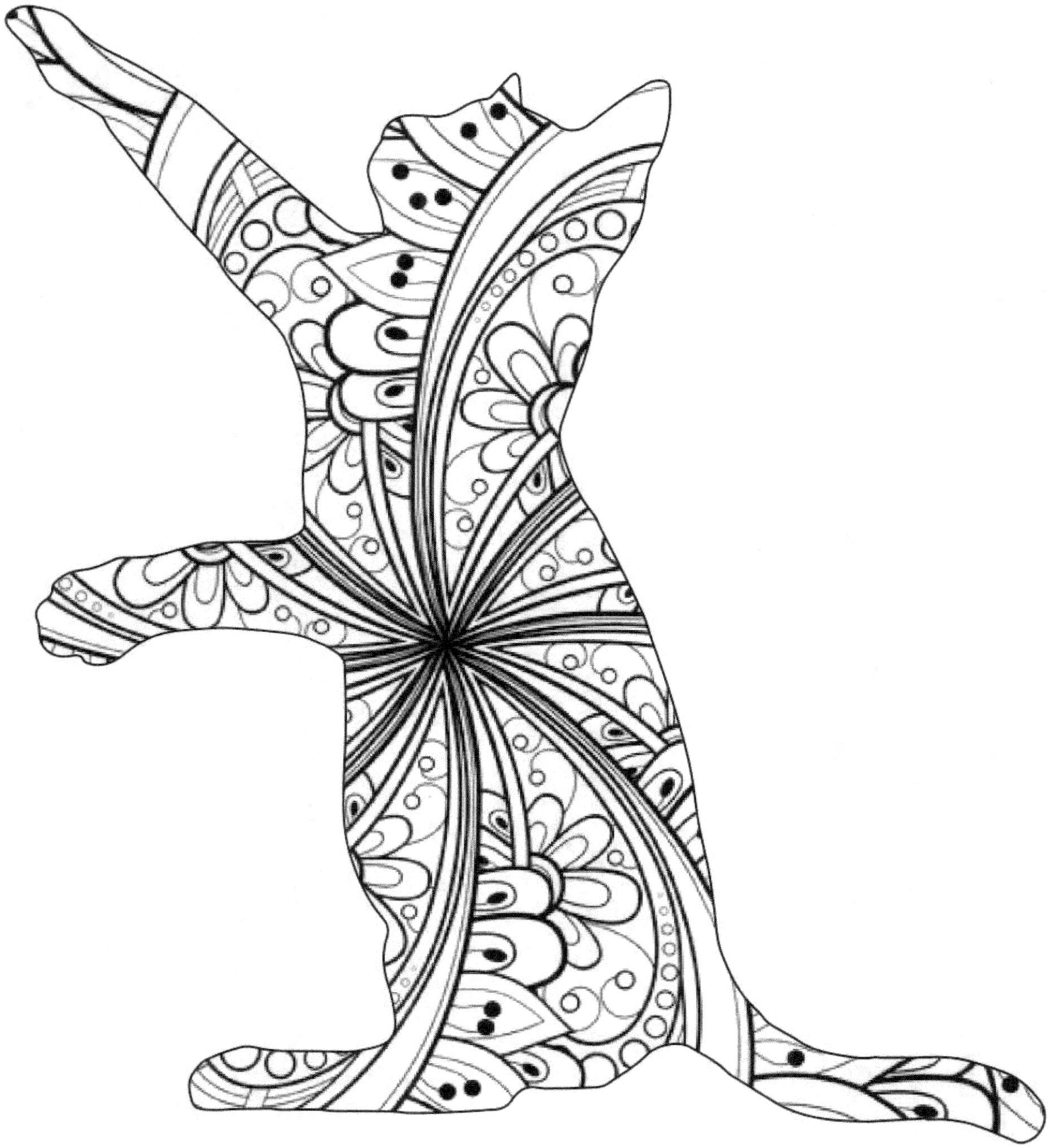

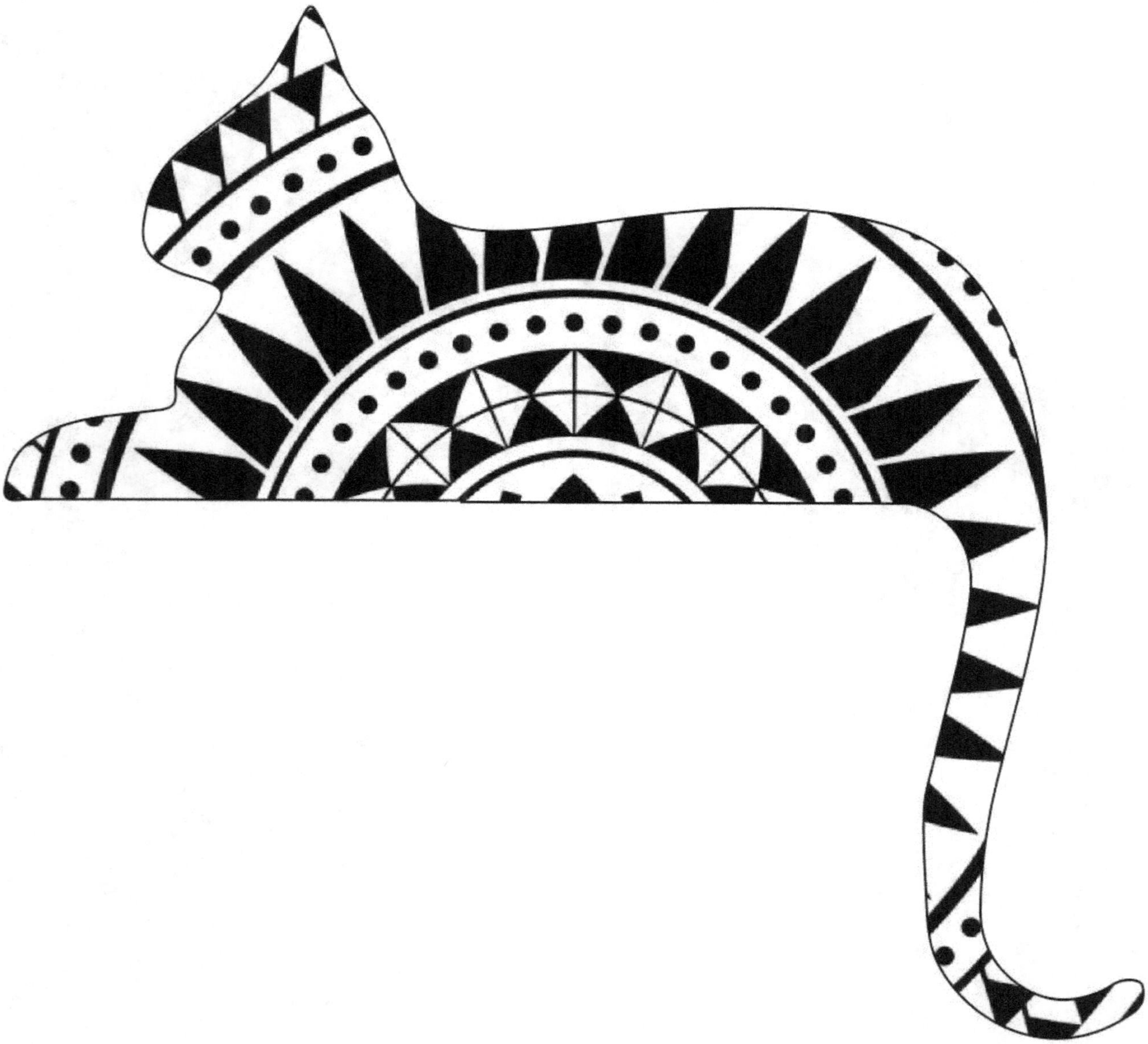

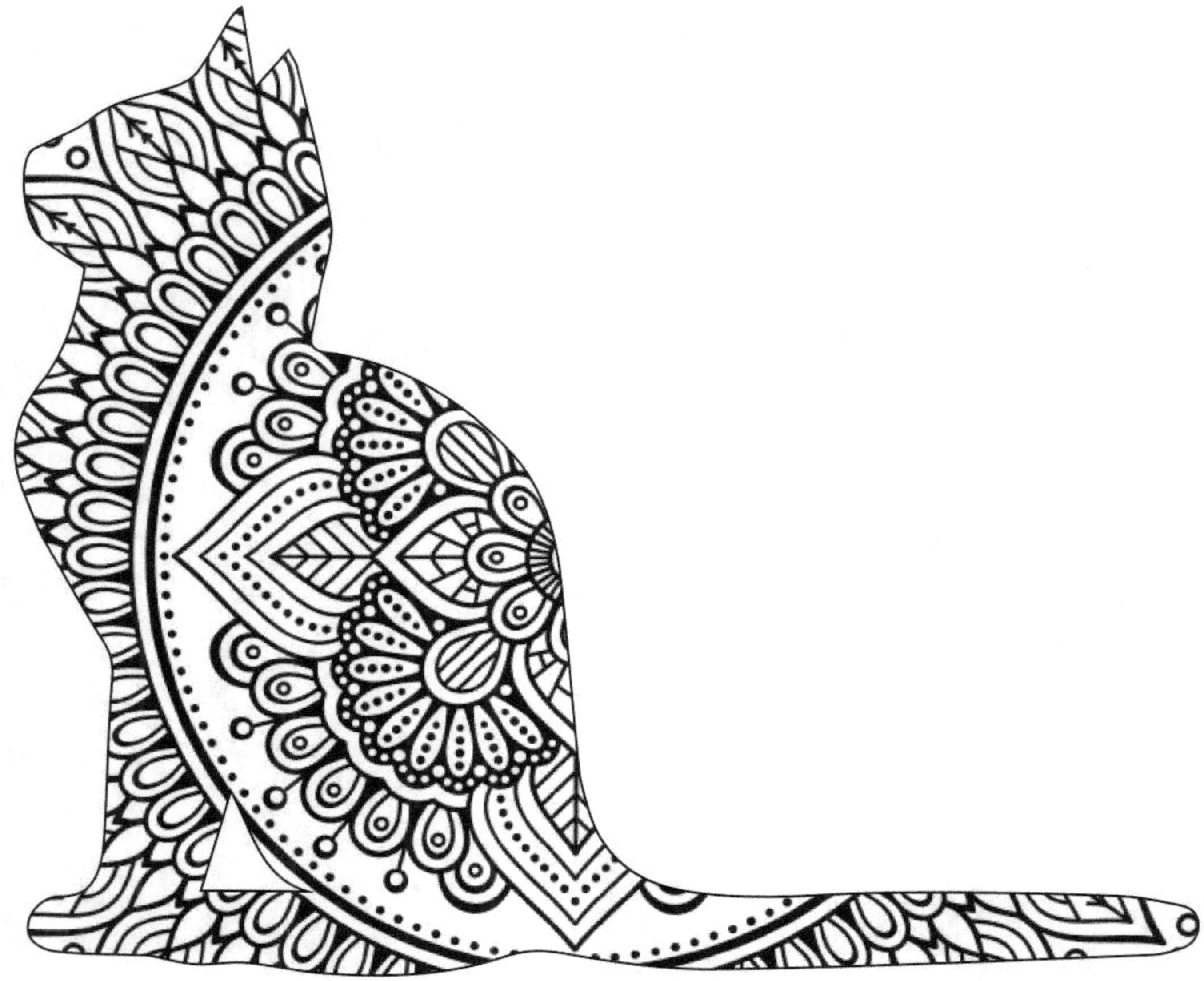

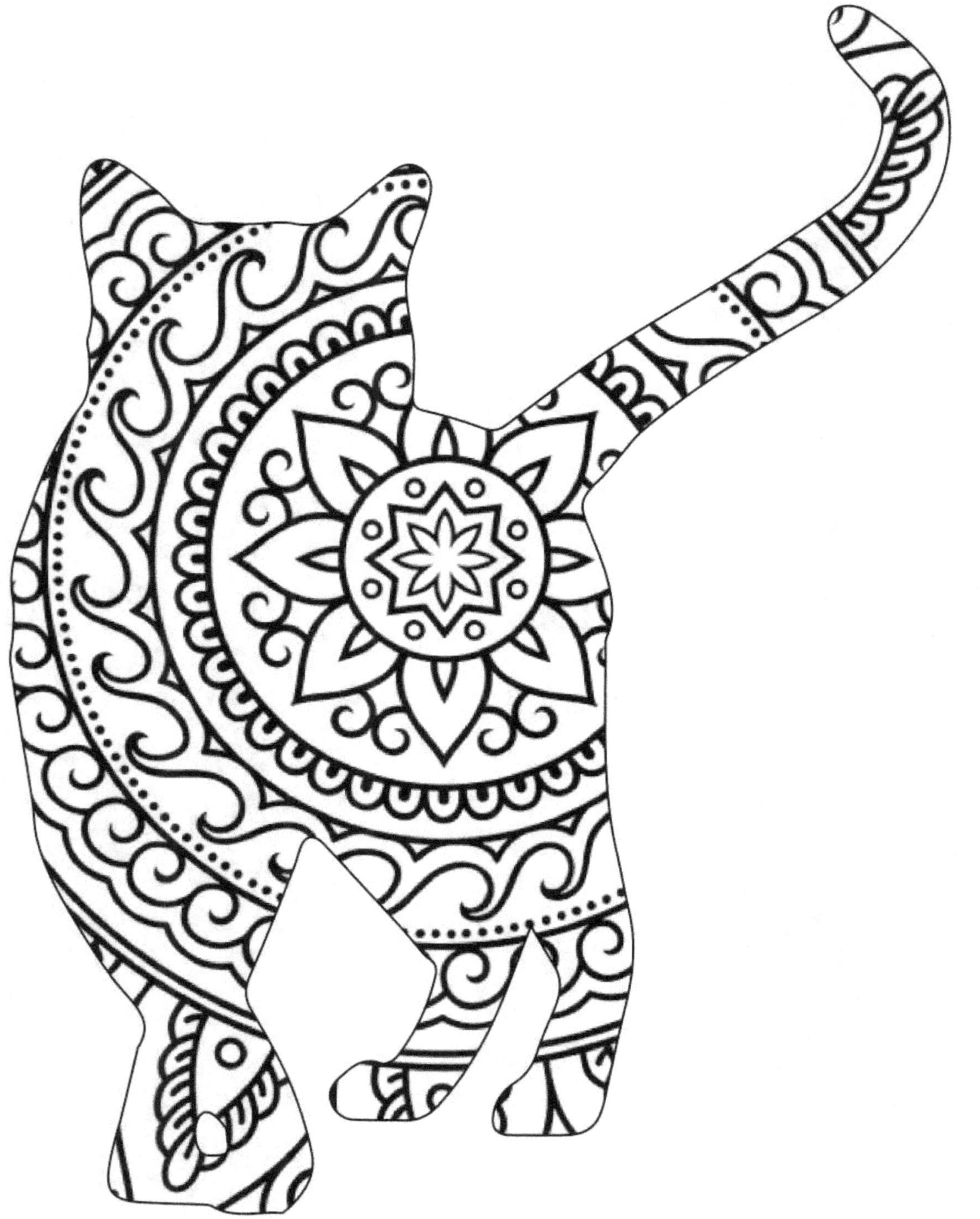

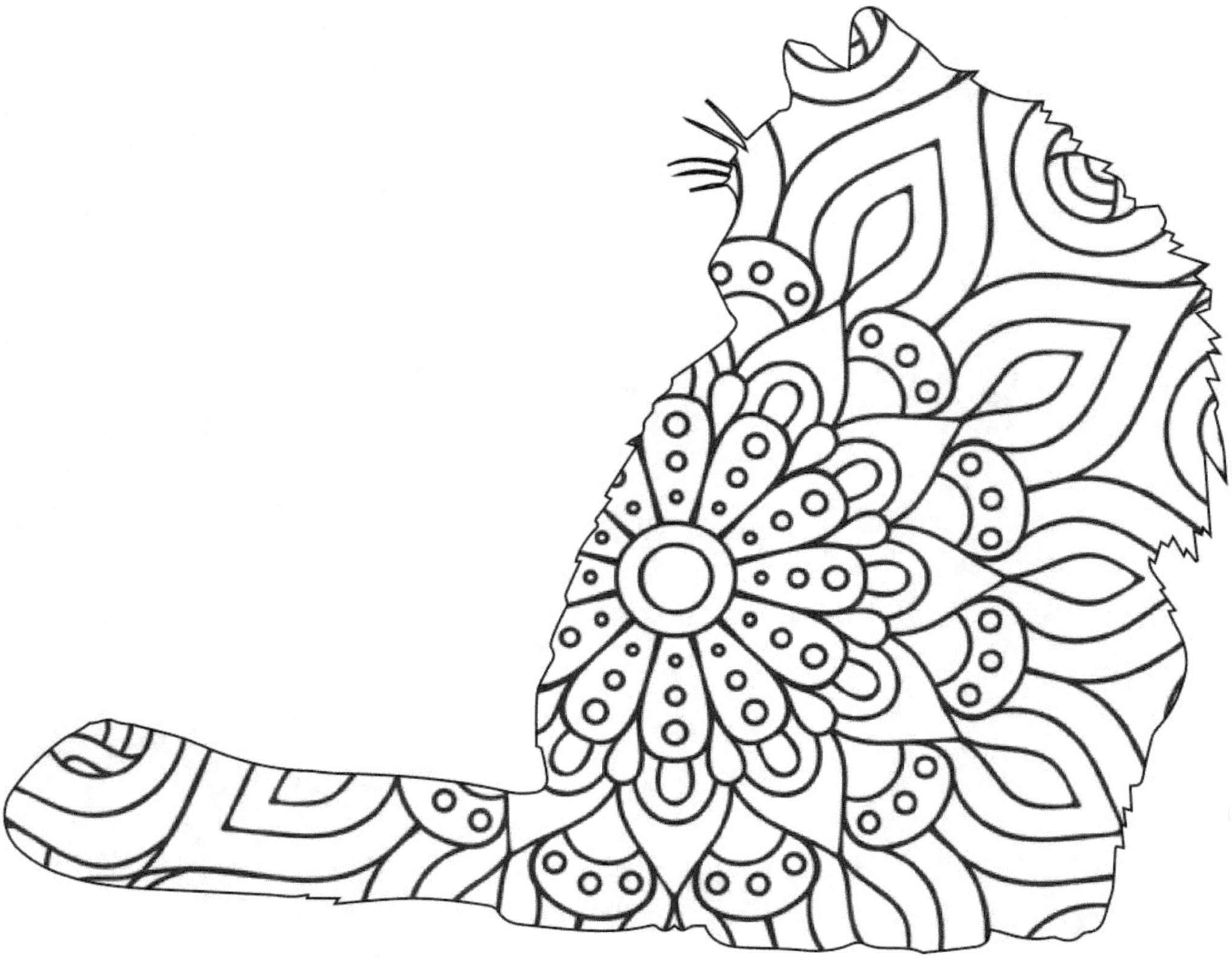

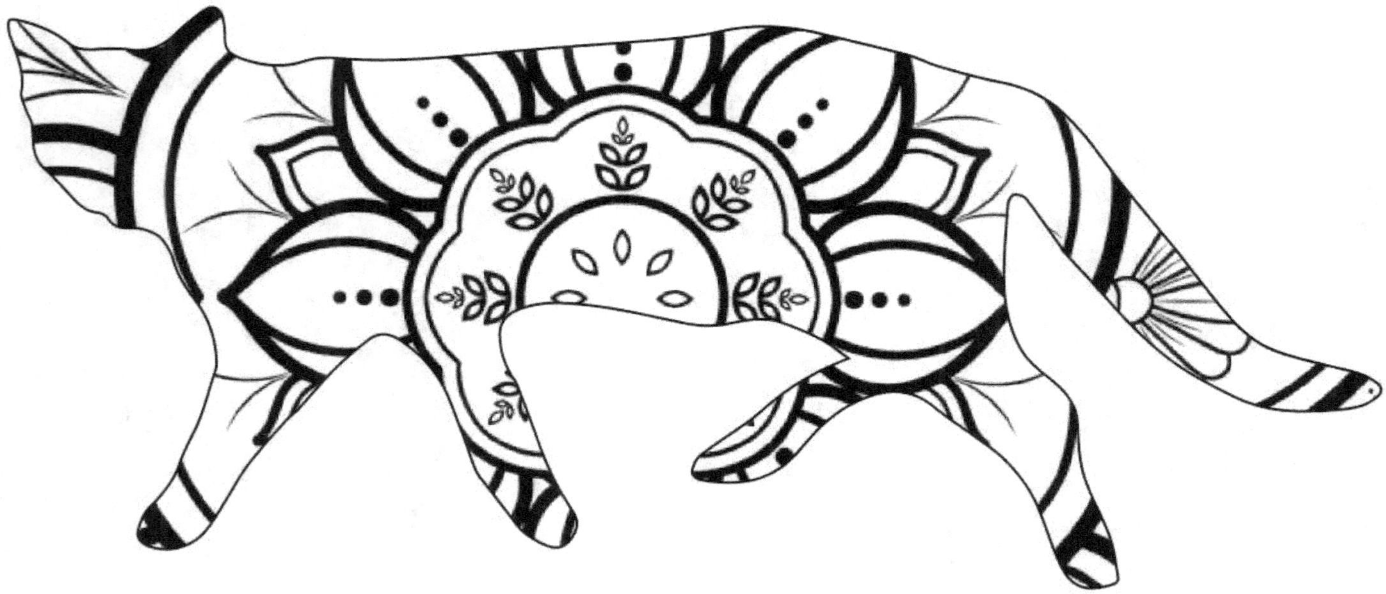

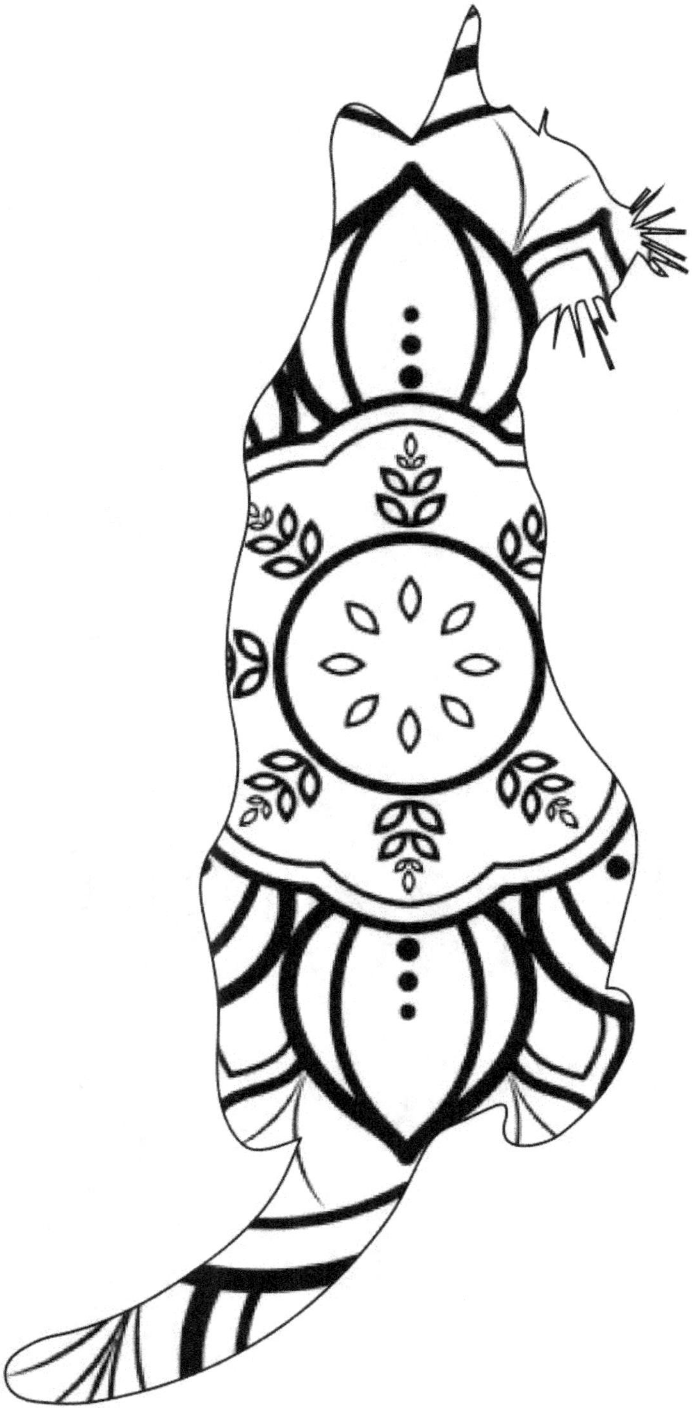

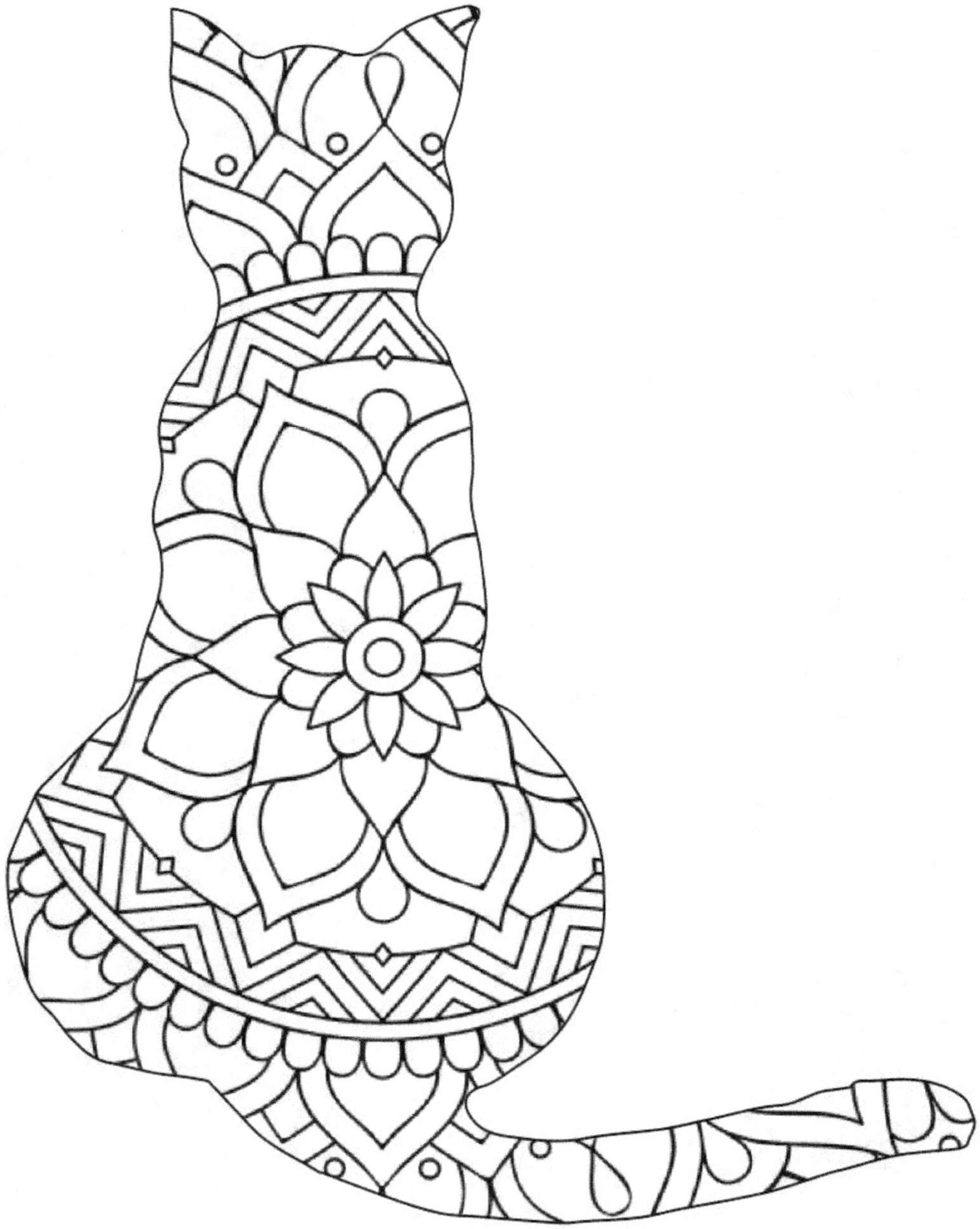

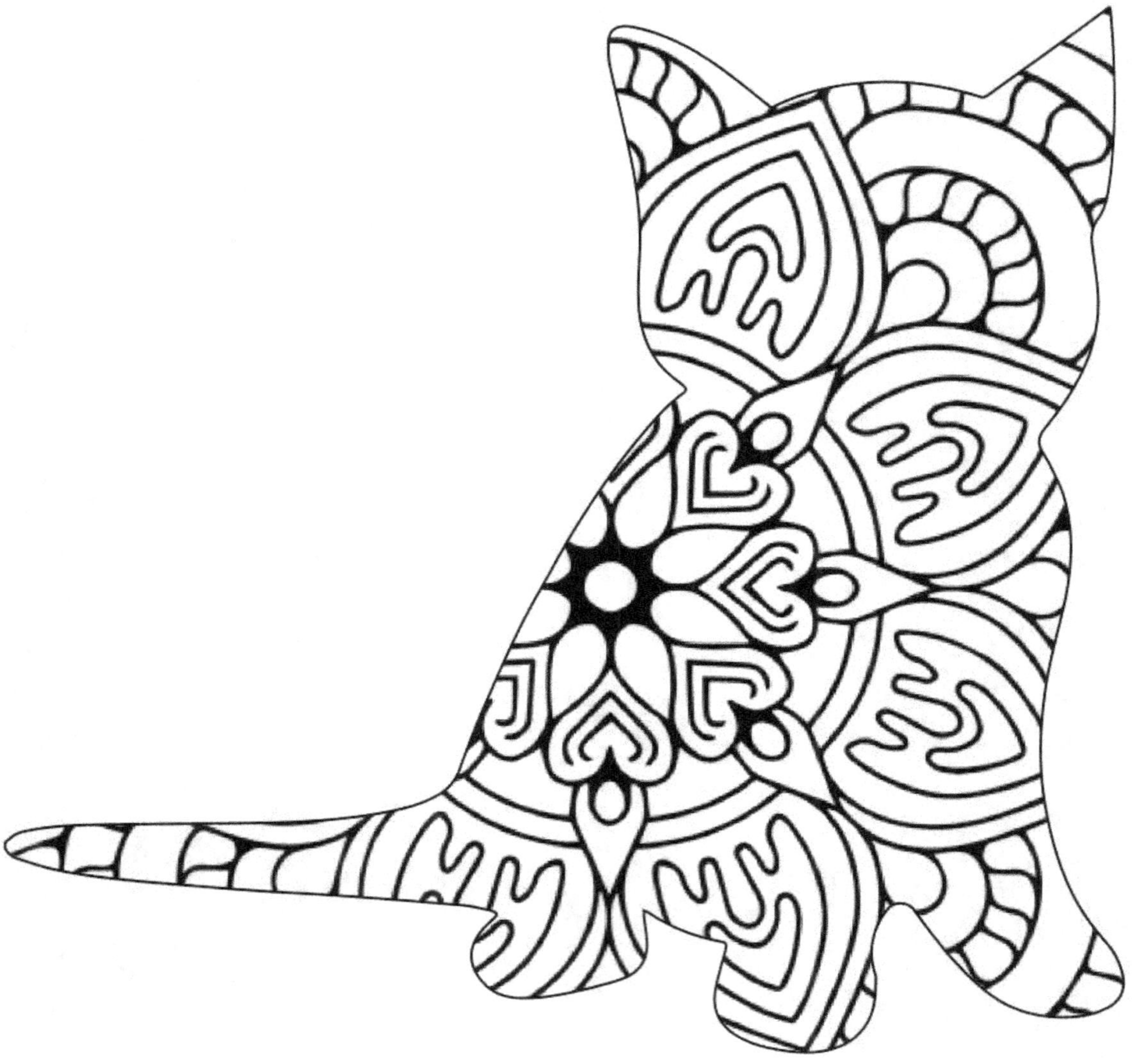

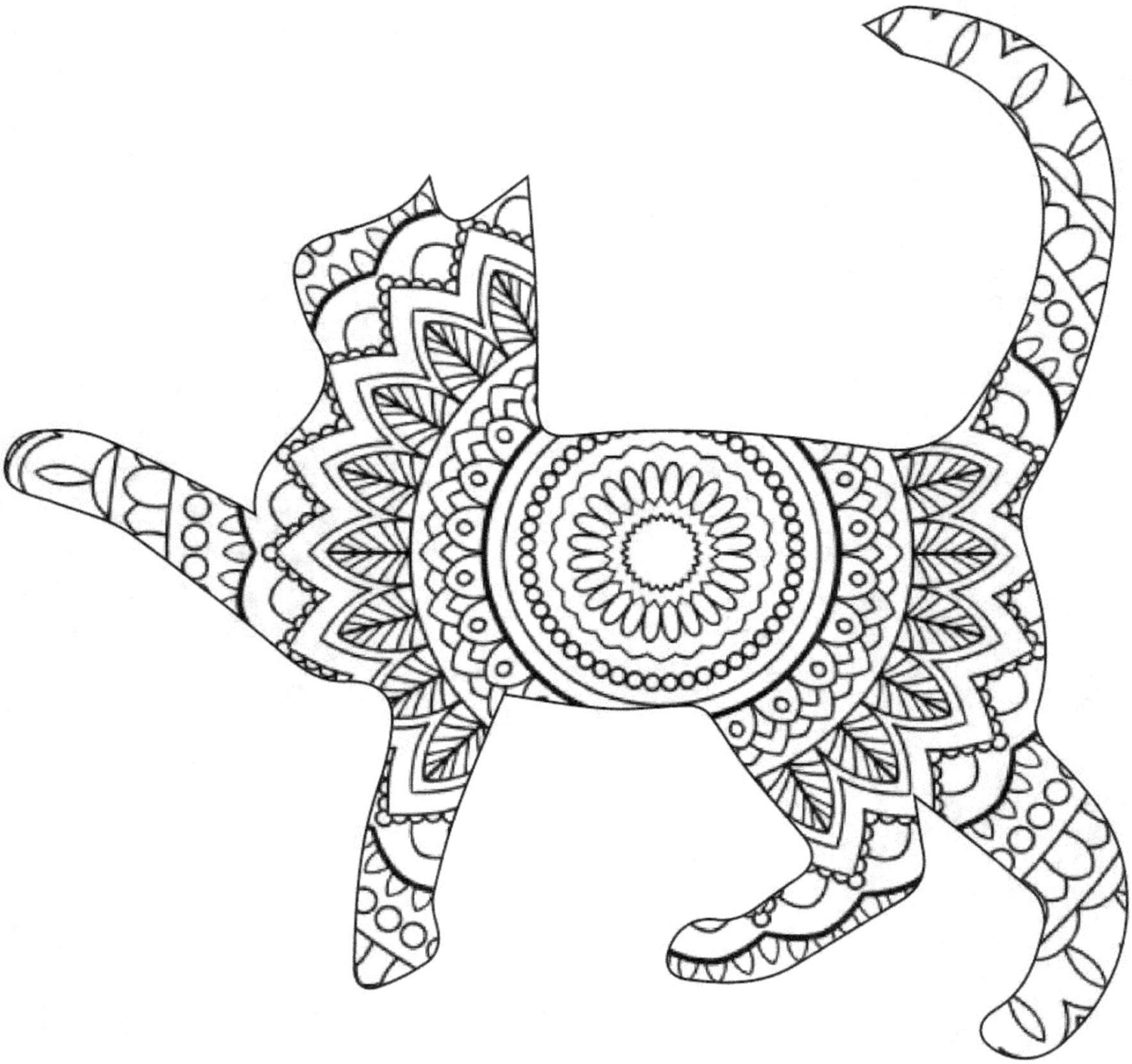

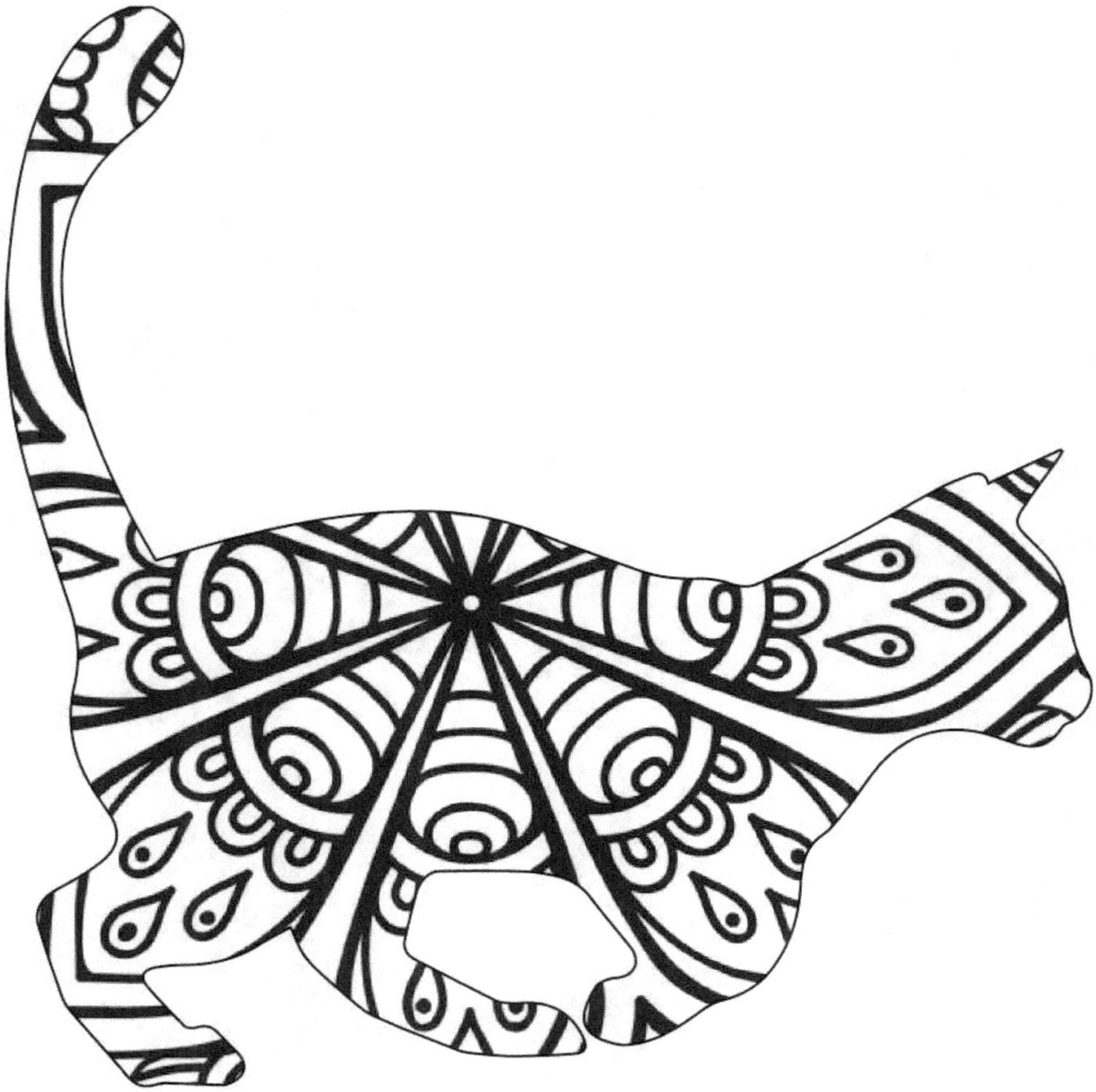

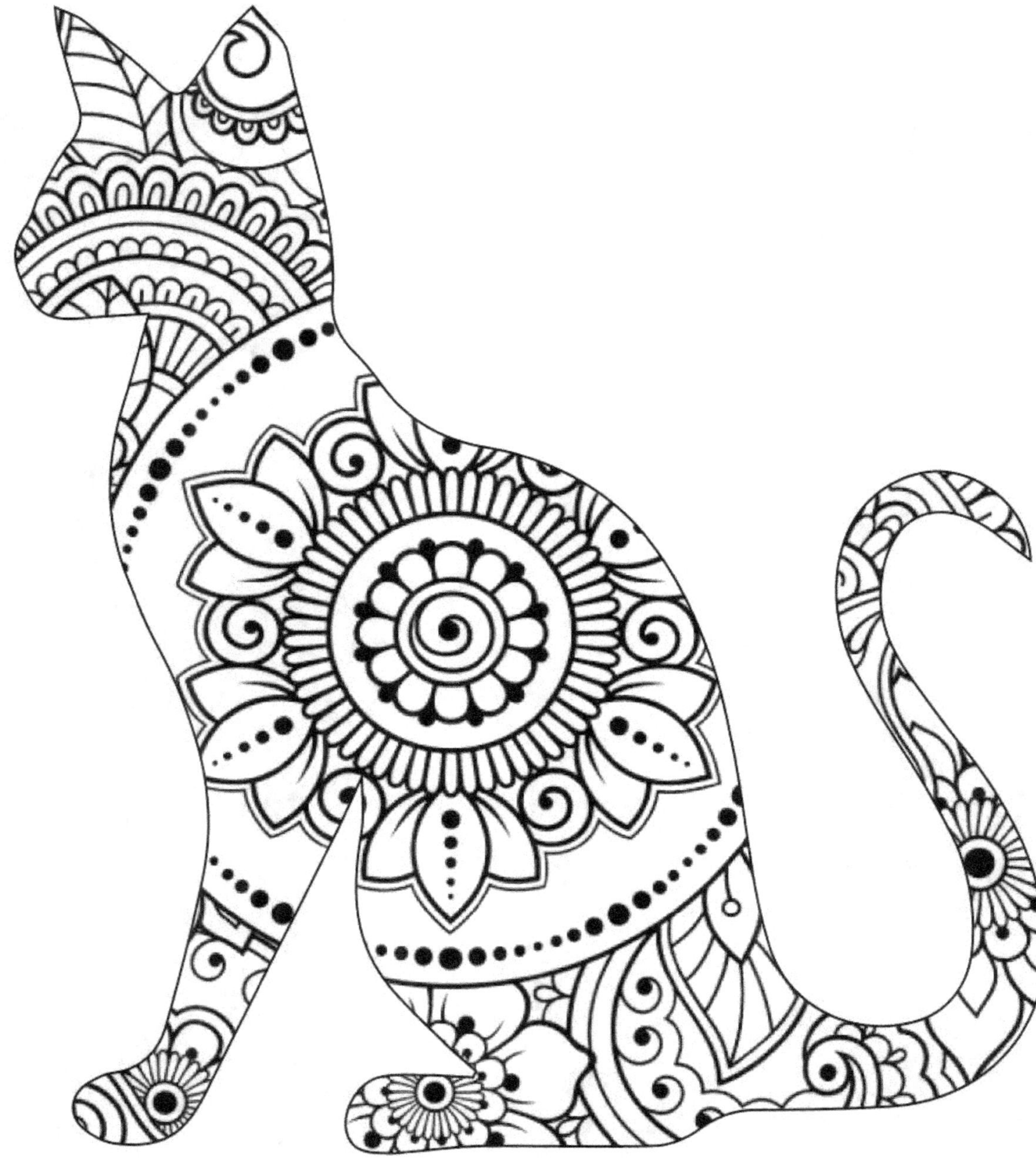

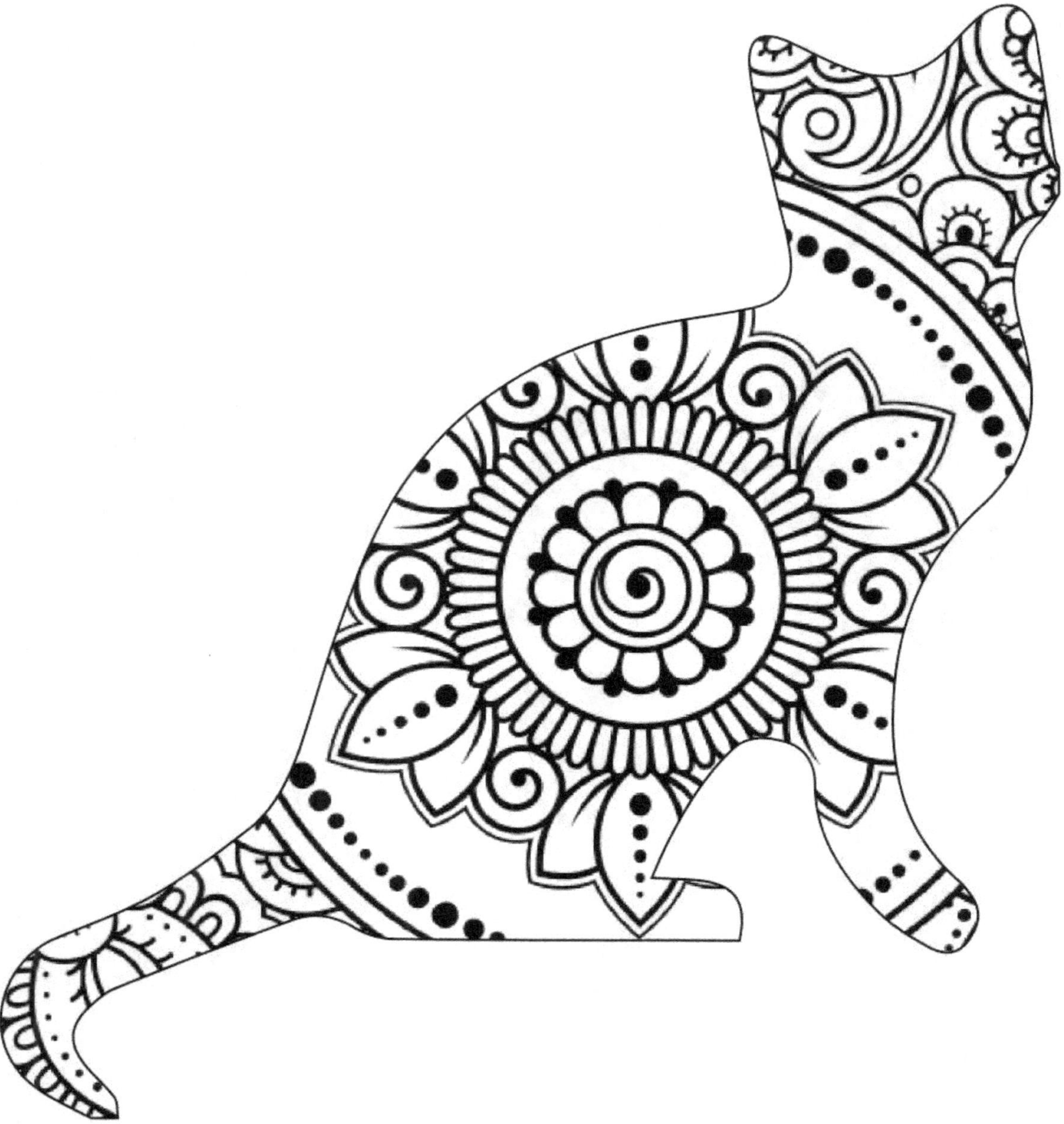

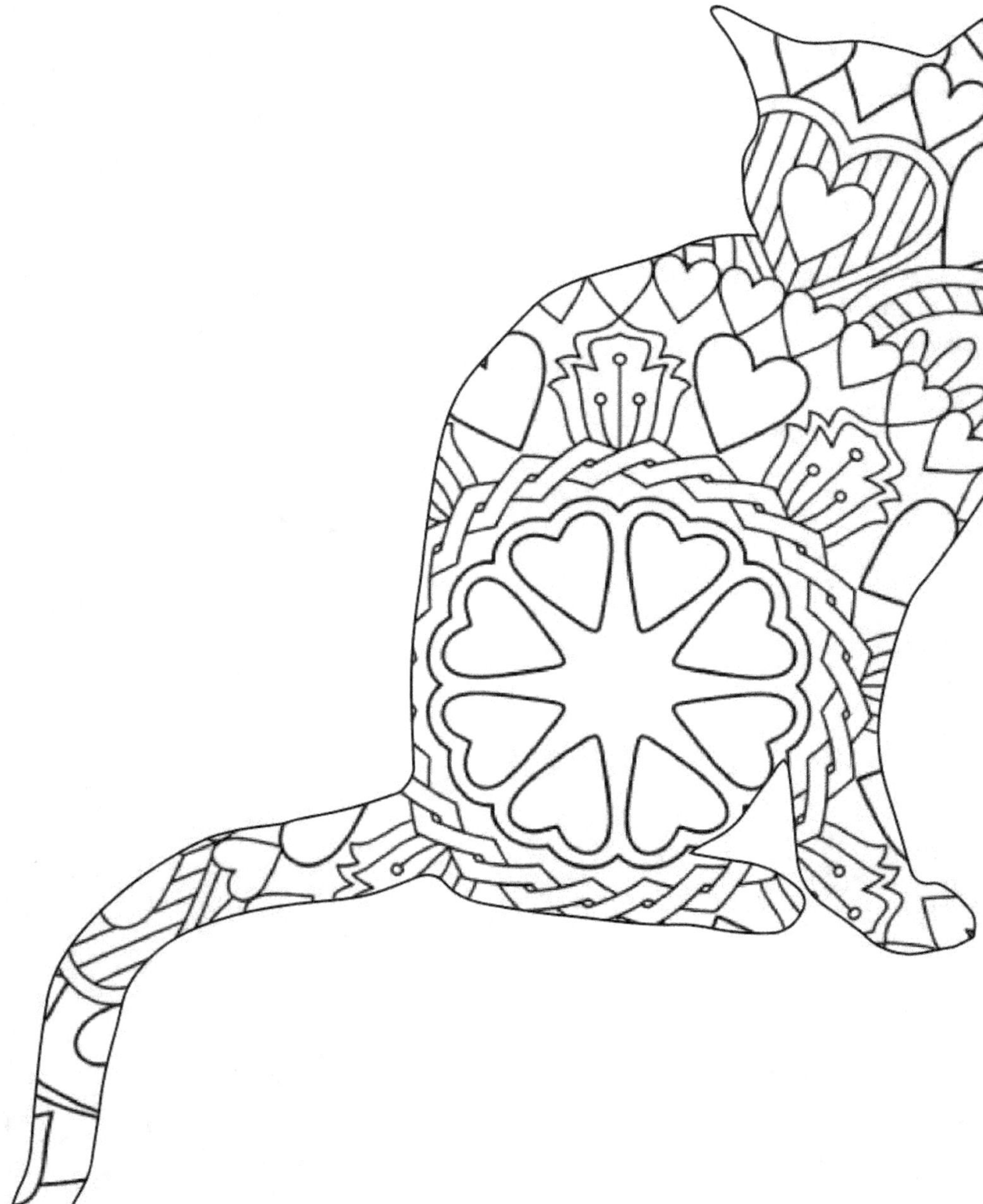

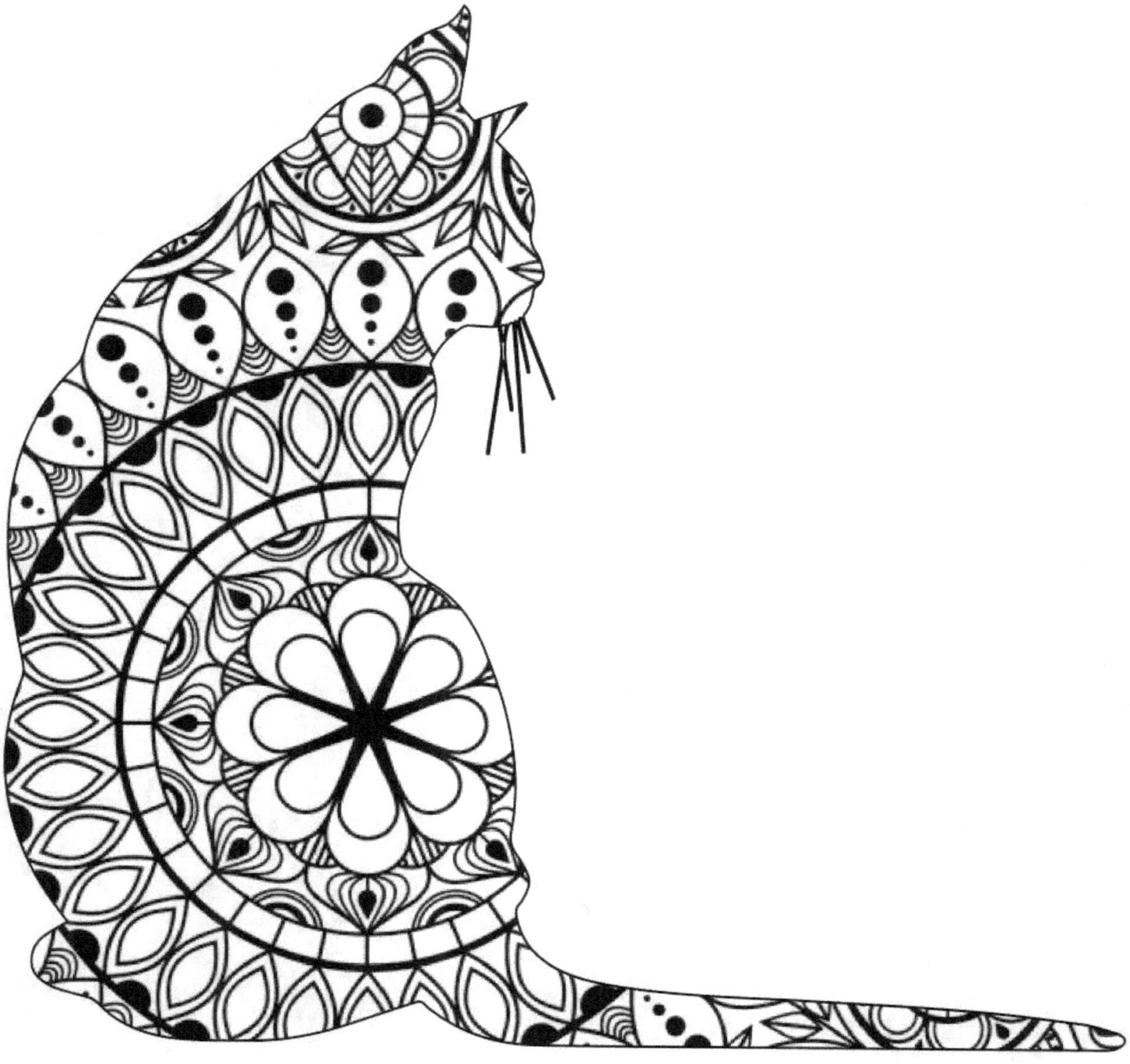

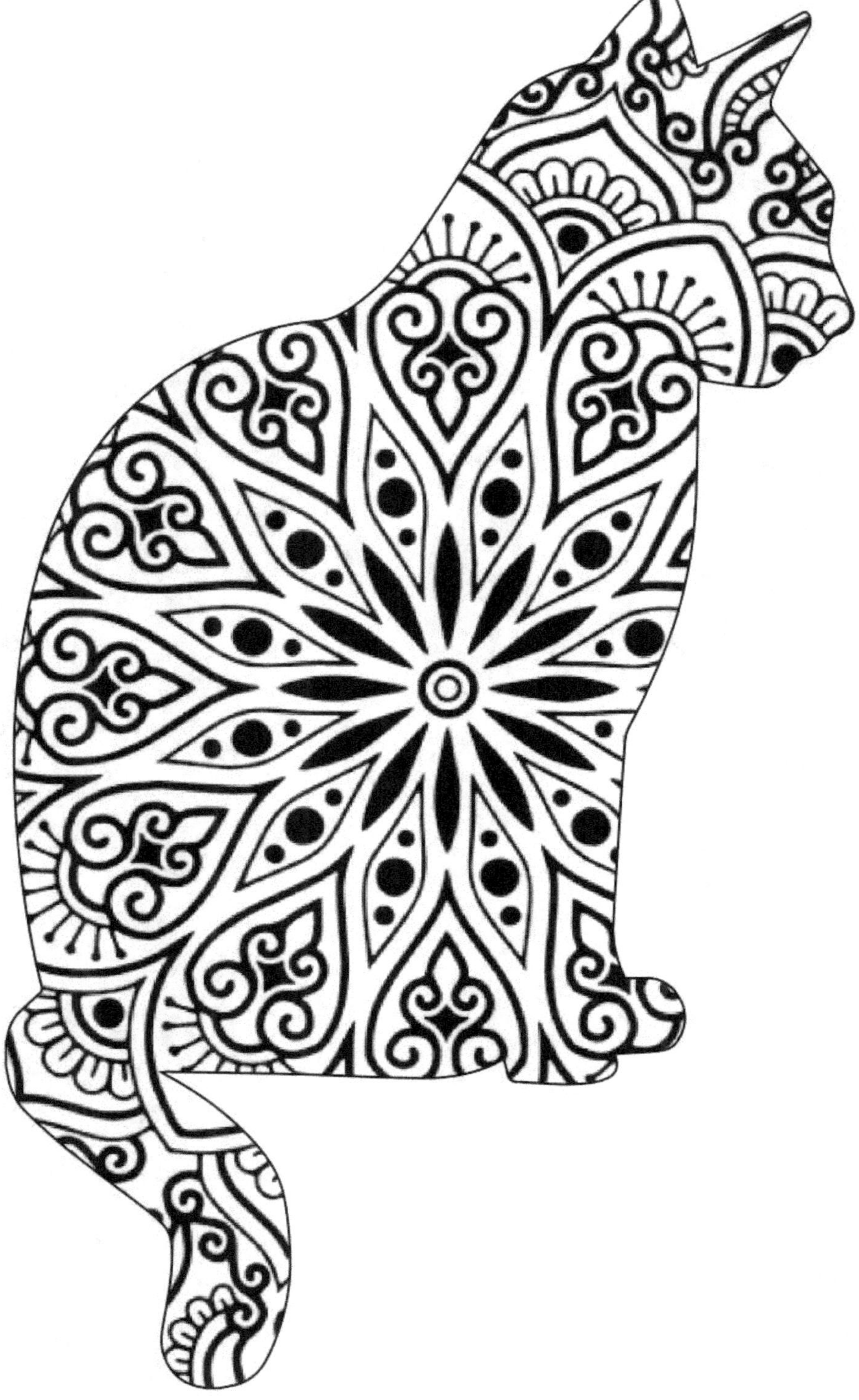

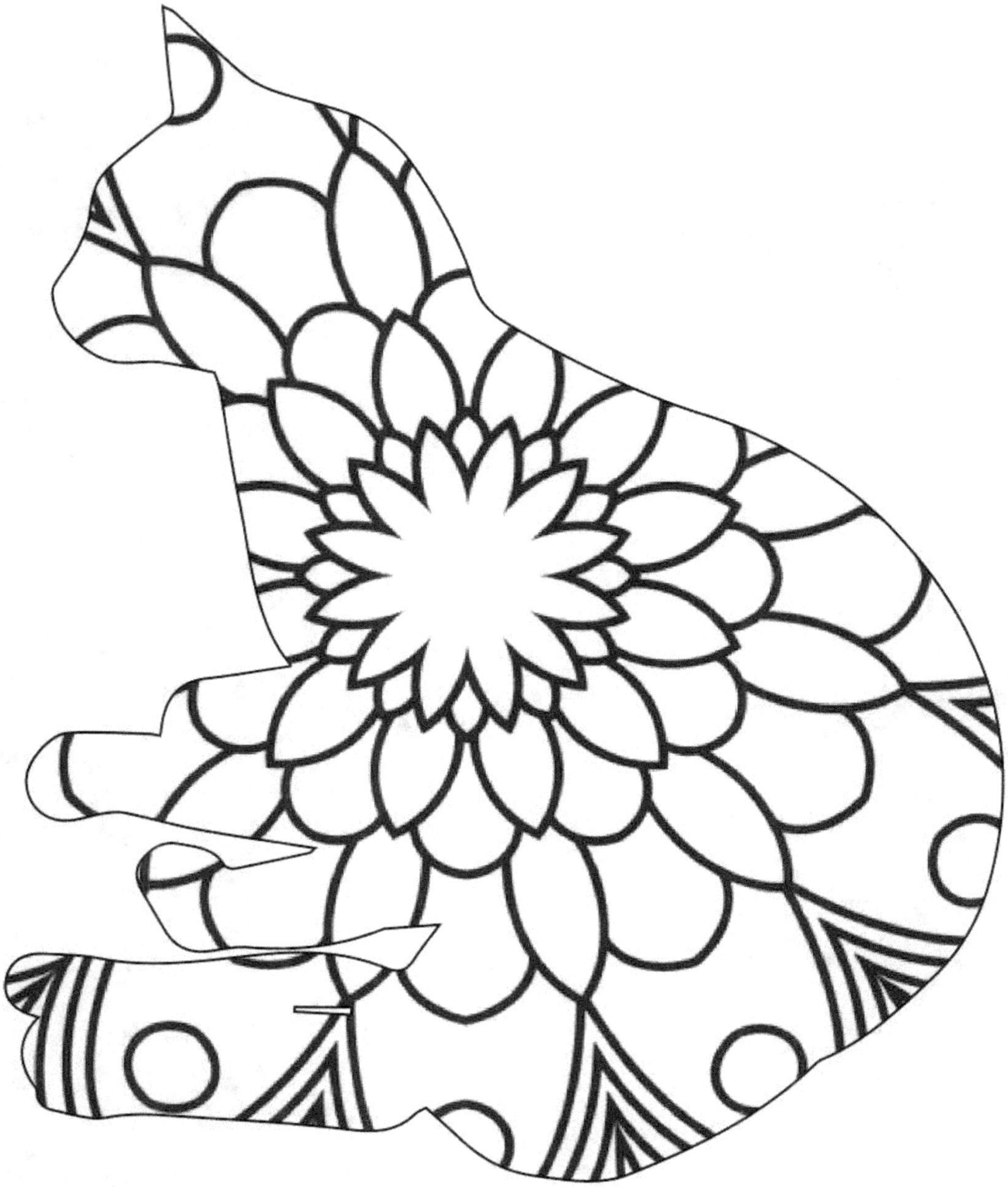

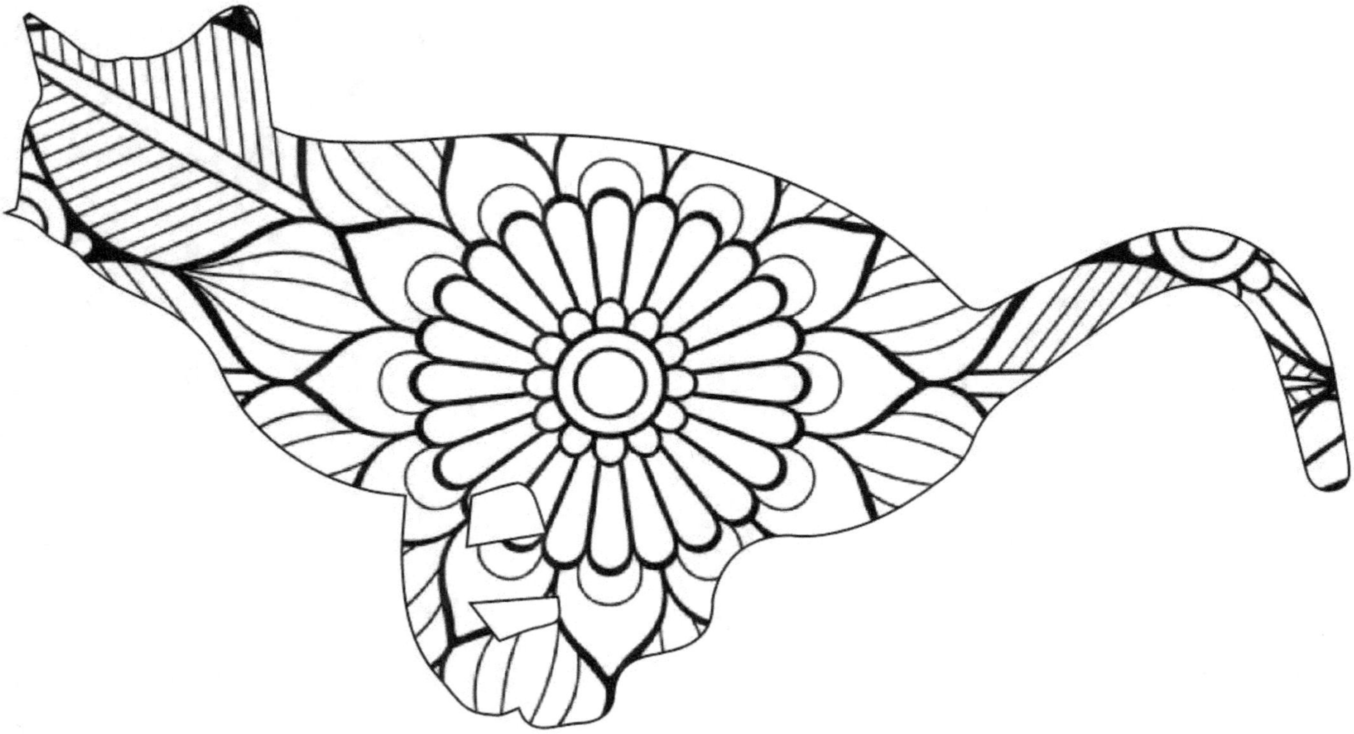

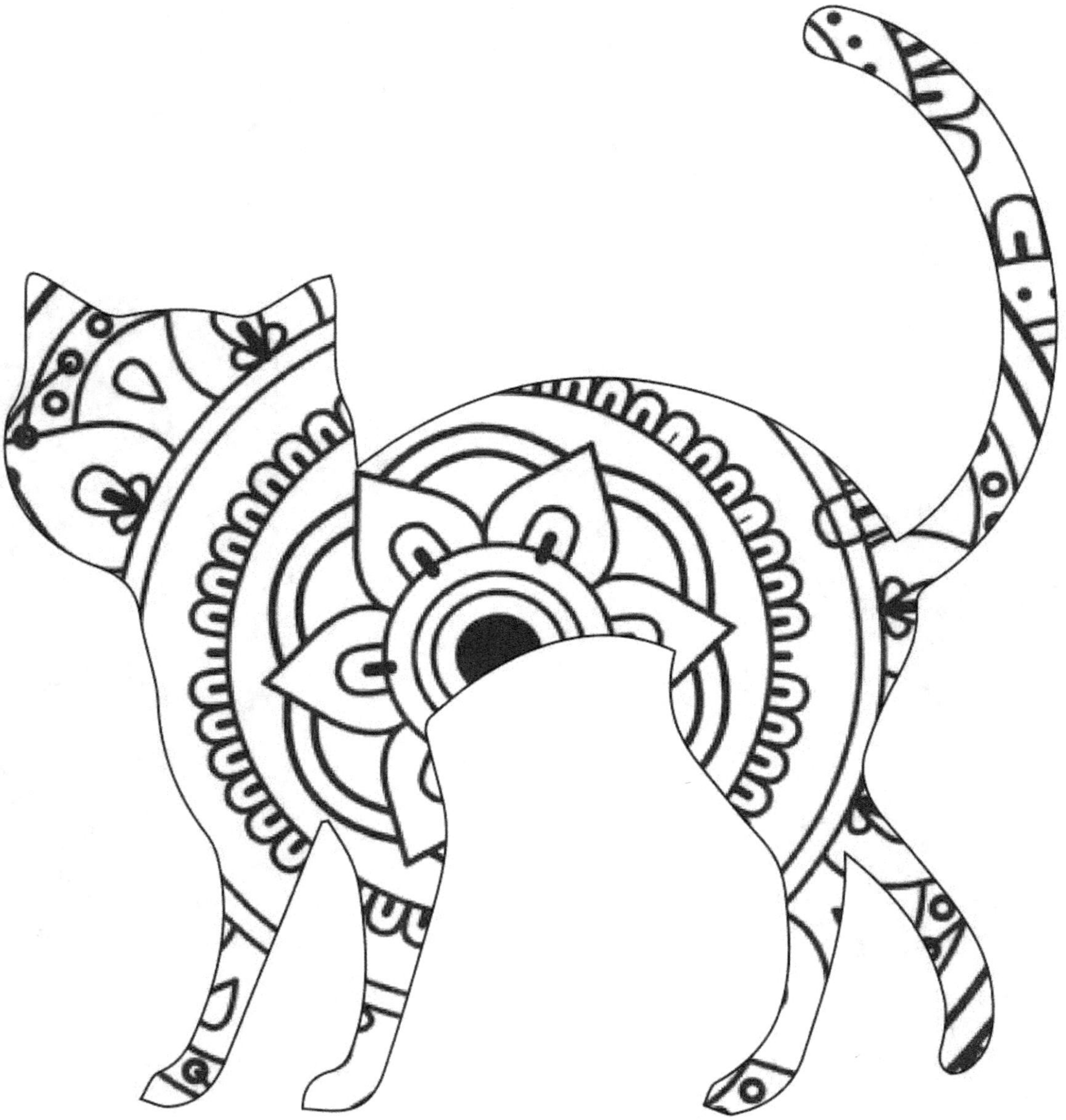

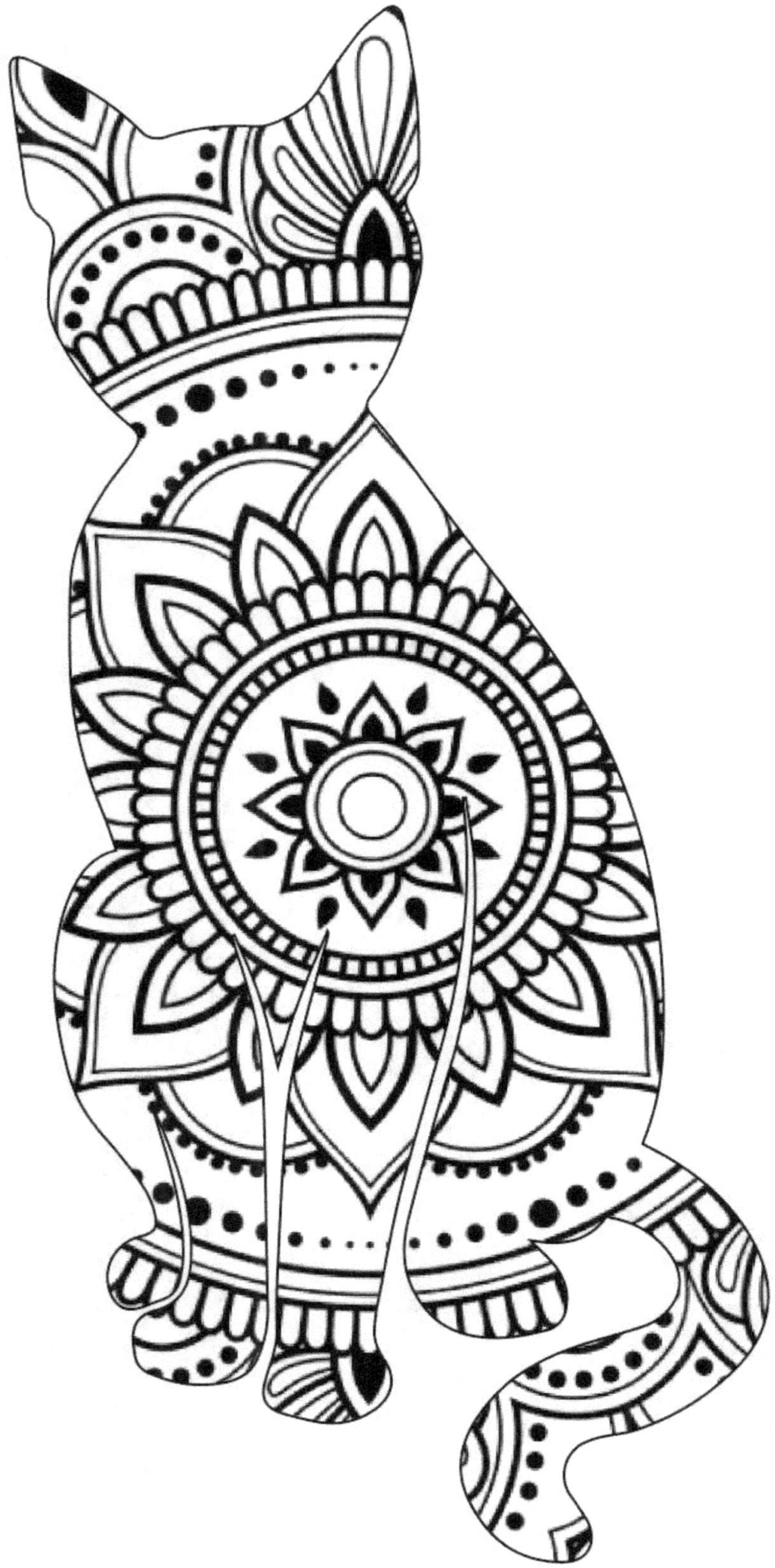

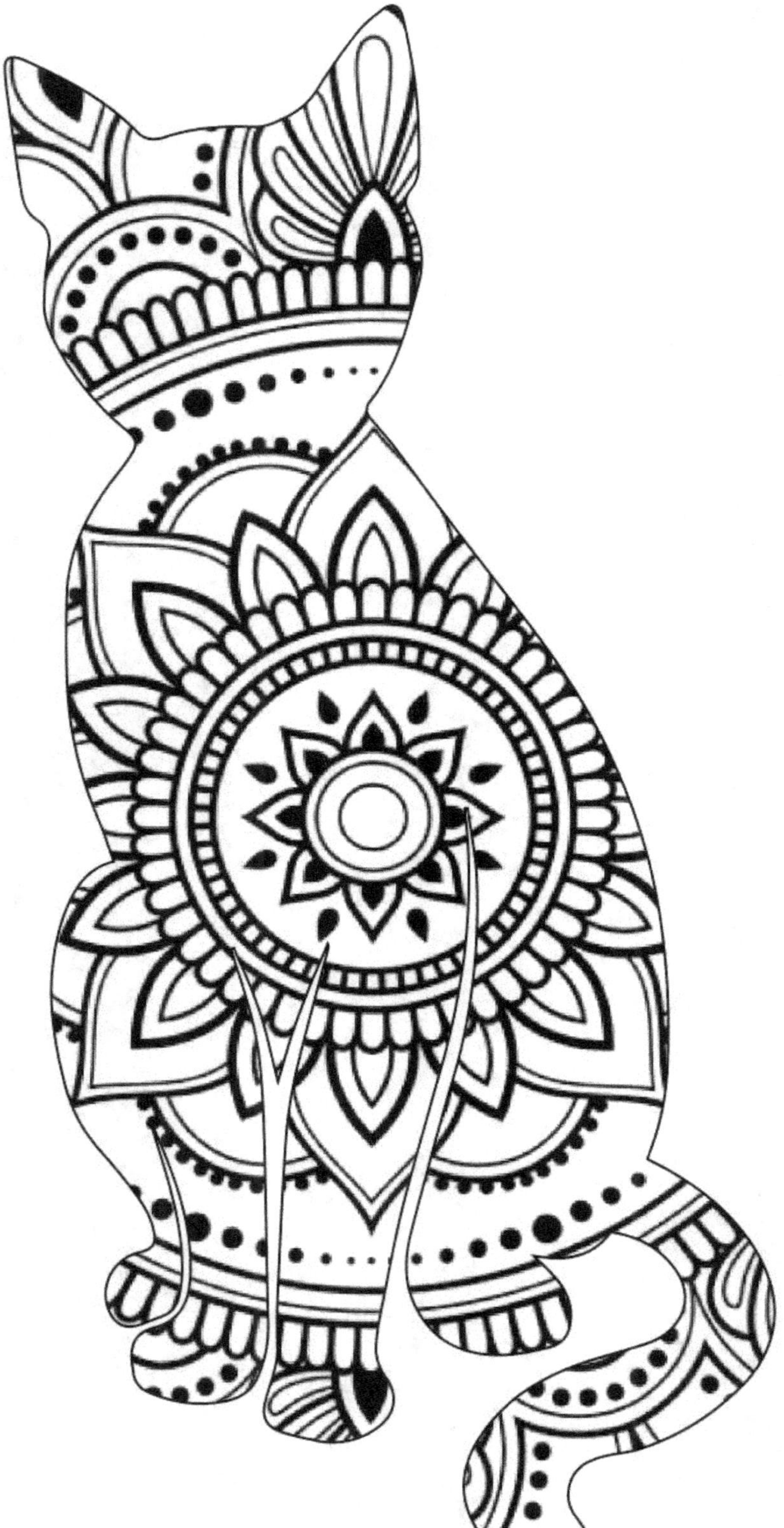

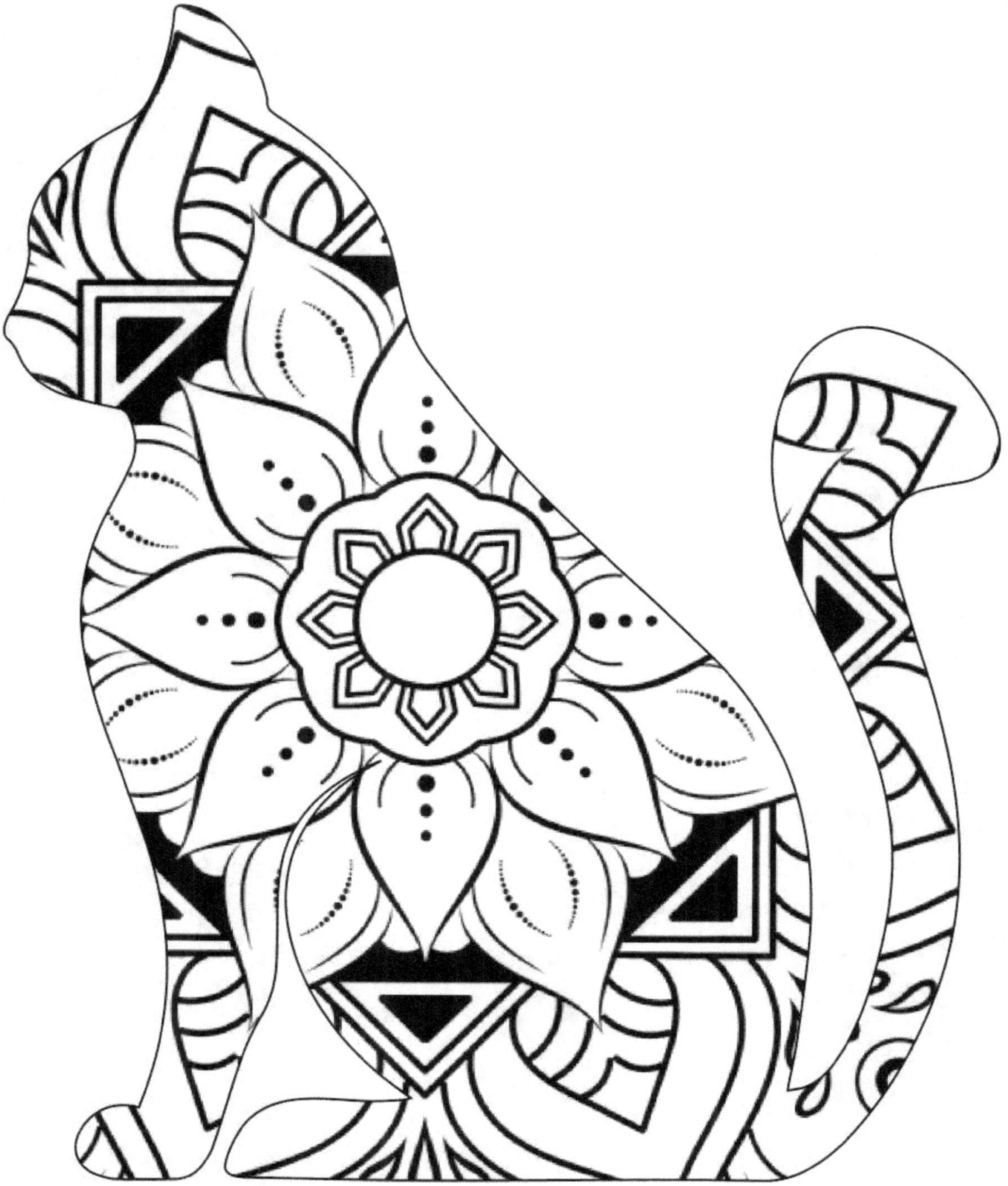

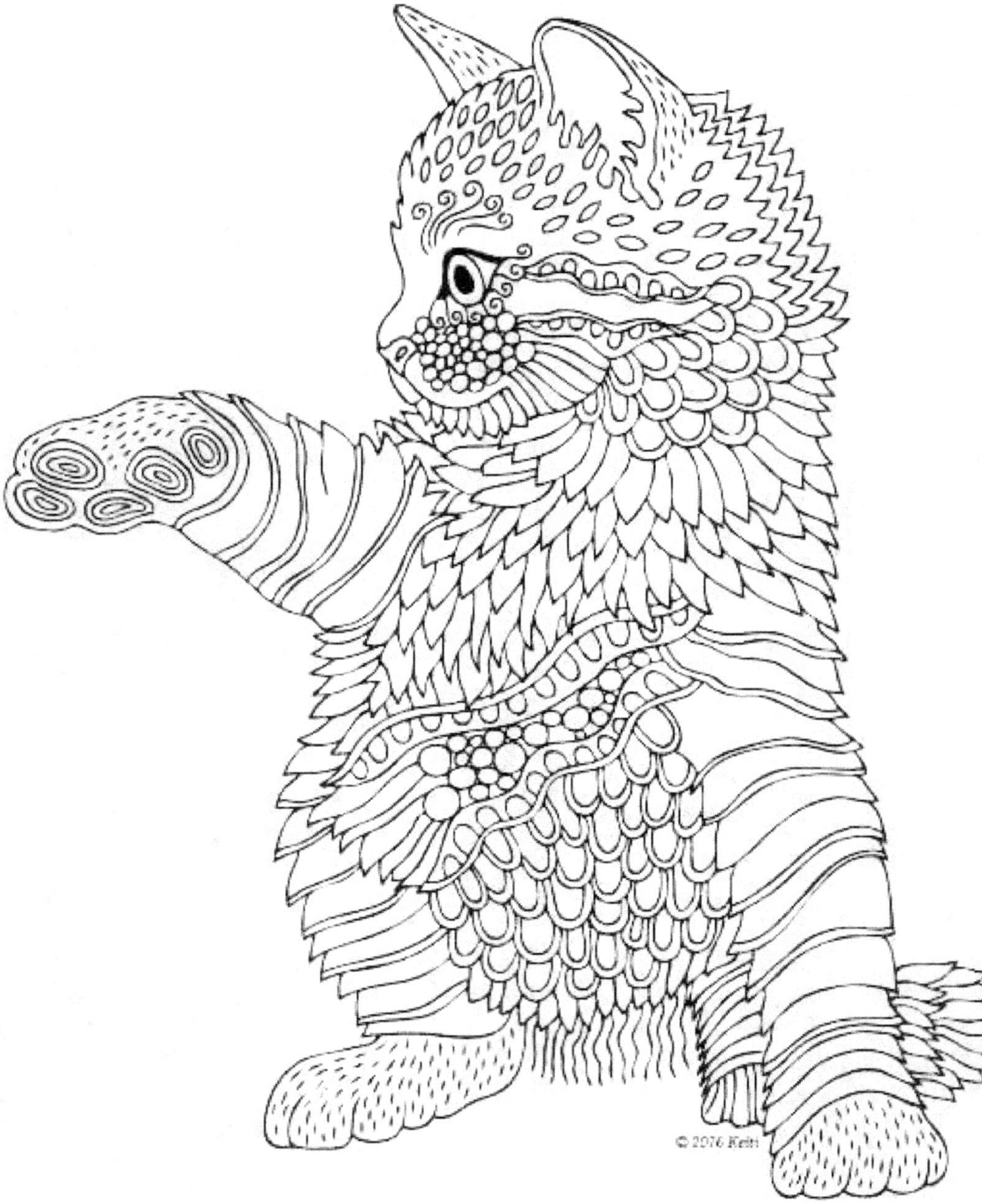
© 2016 Keiti

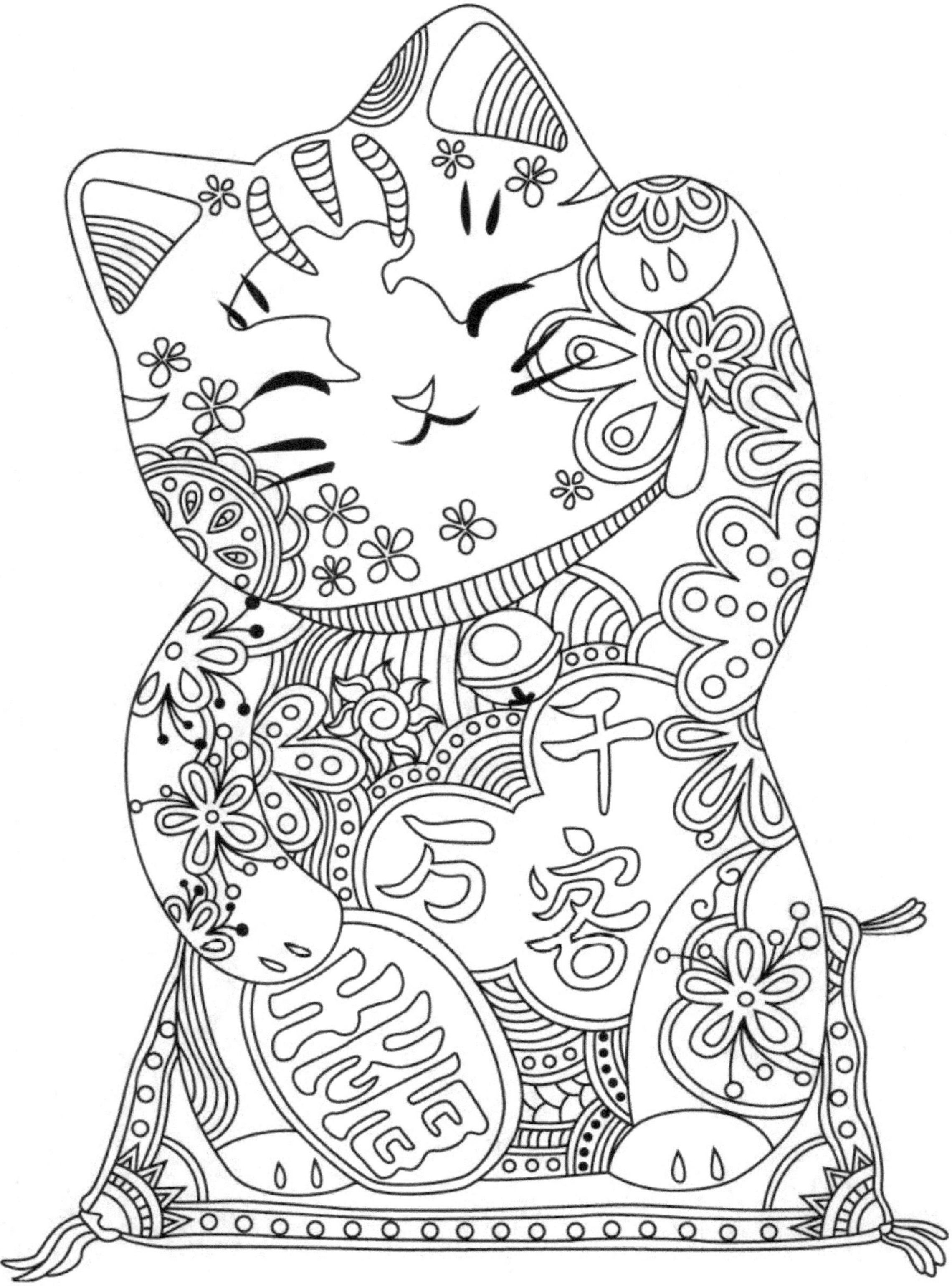
千
万
客

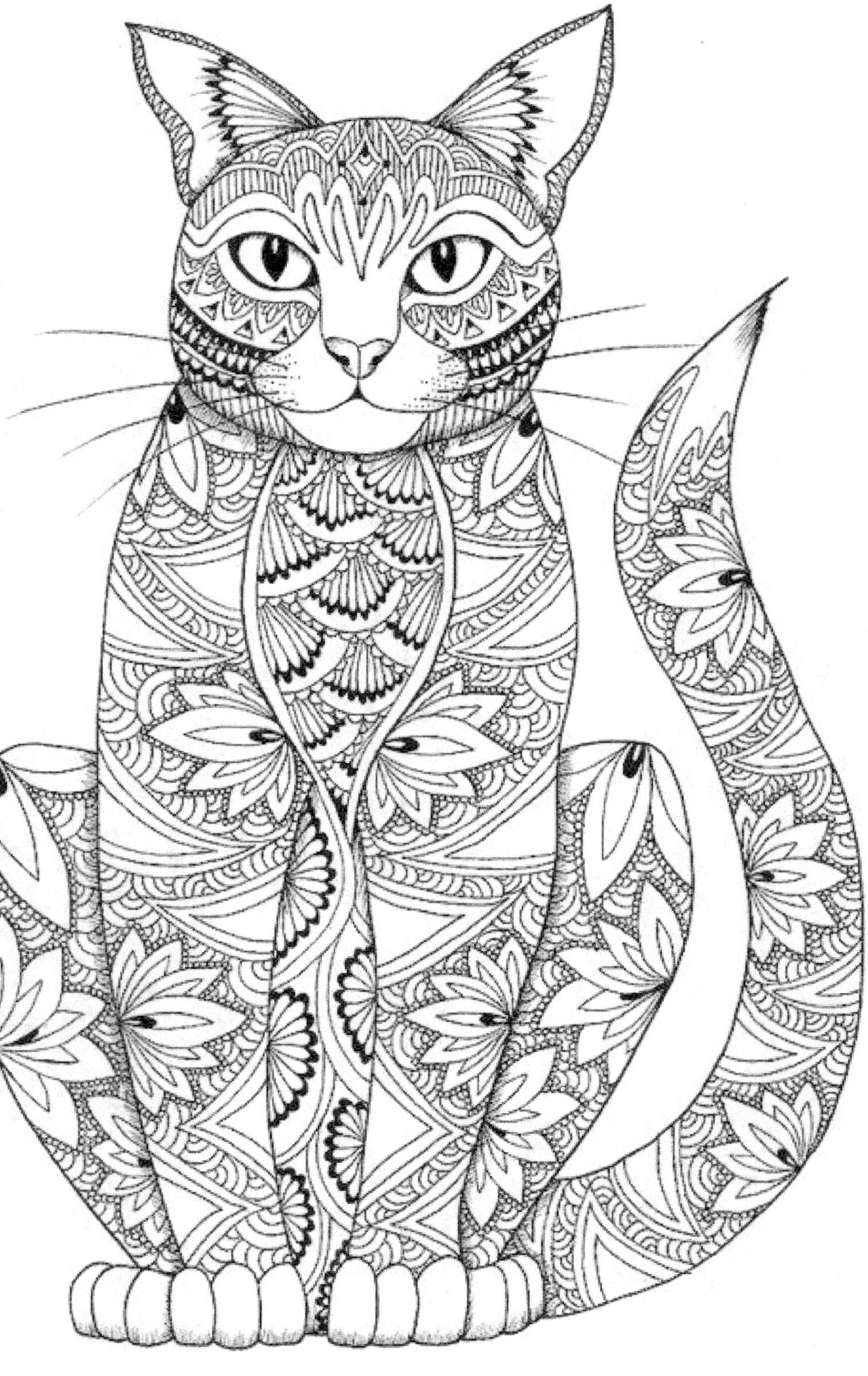

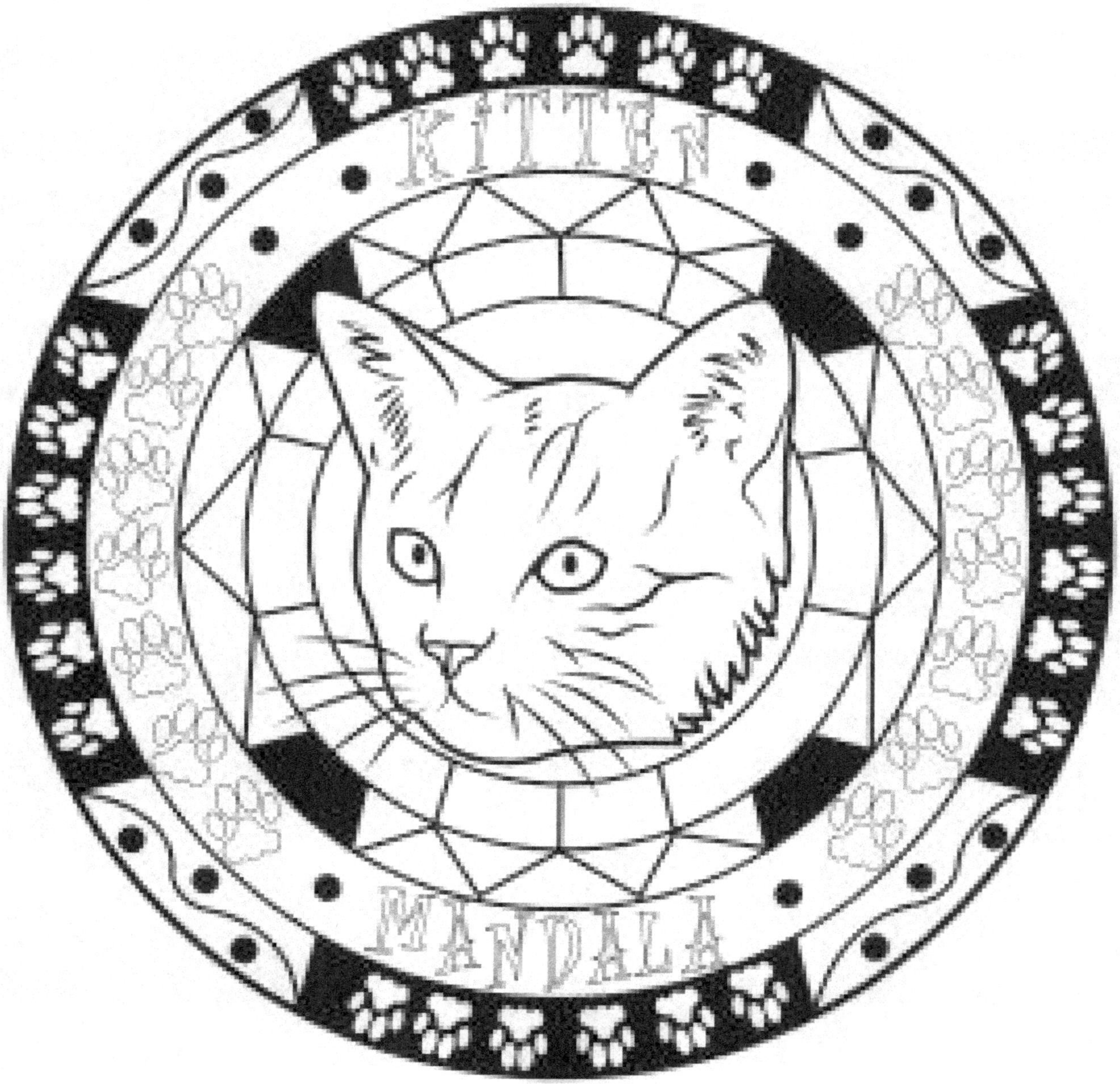
KITTEN
MANDALA

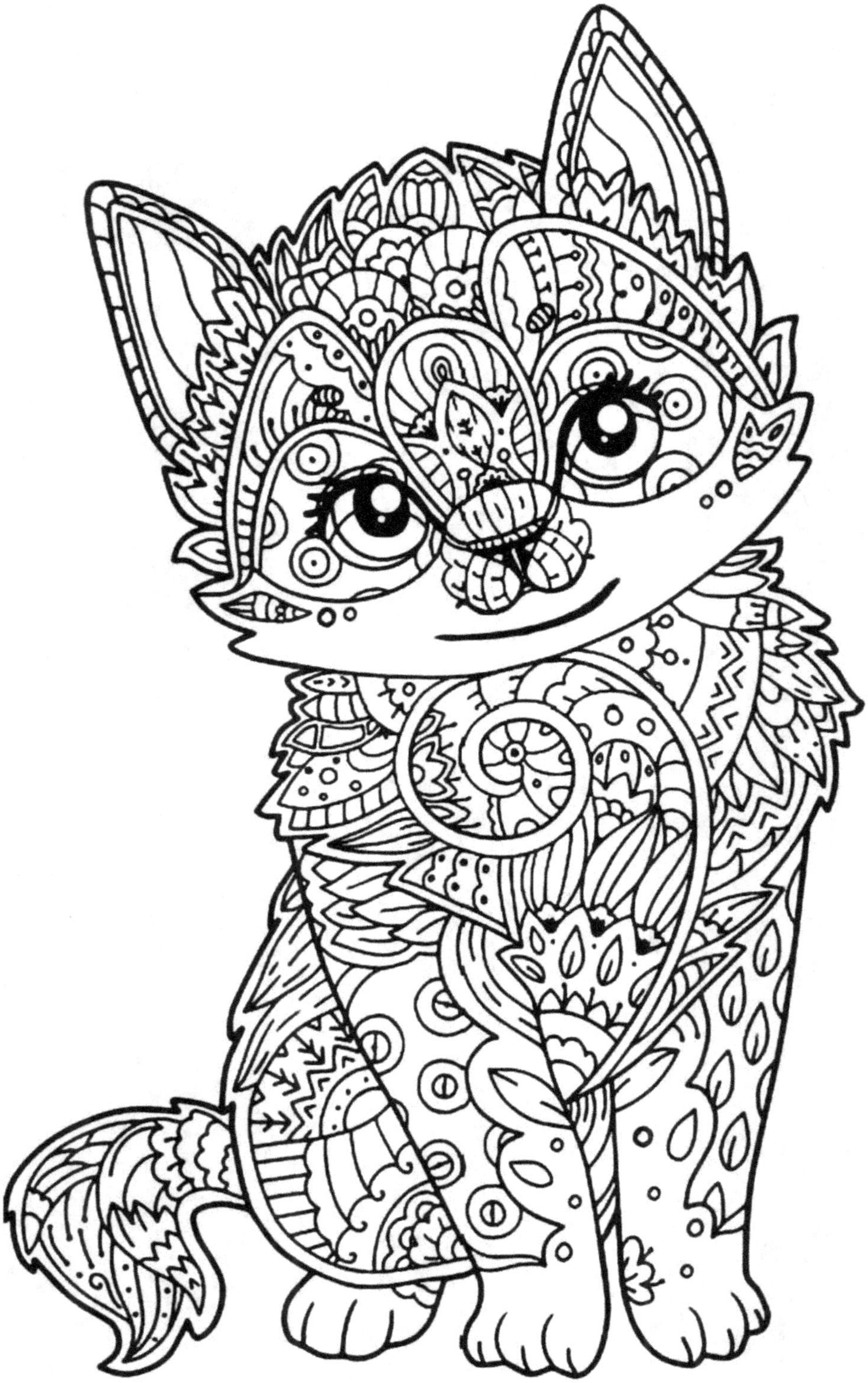

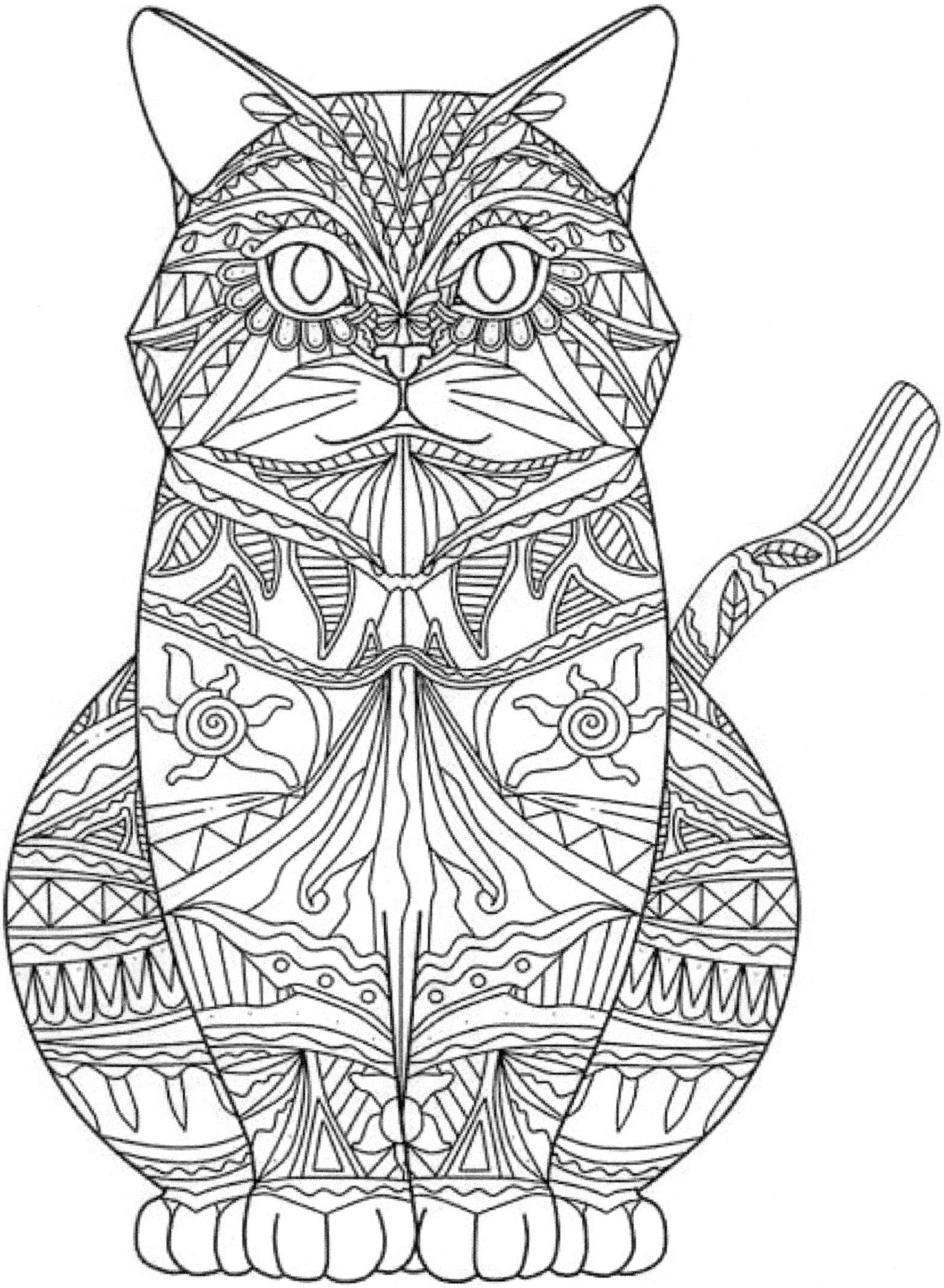

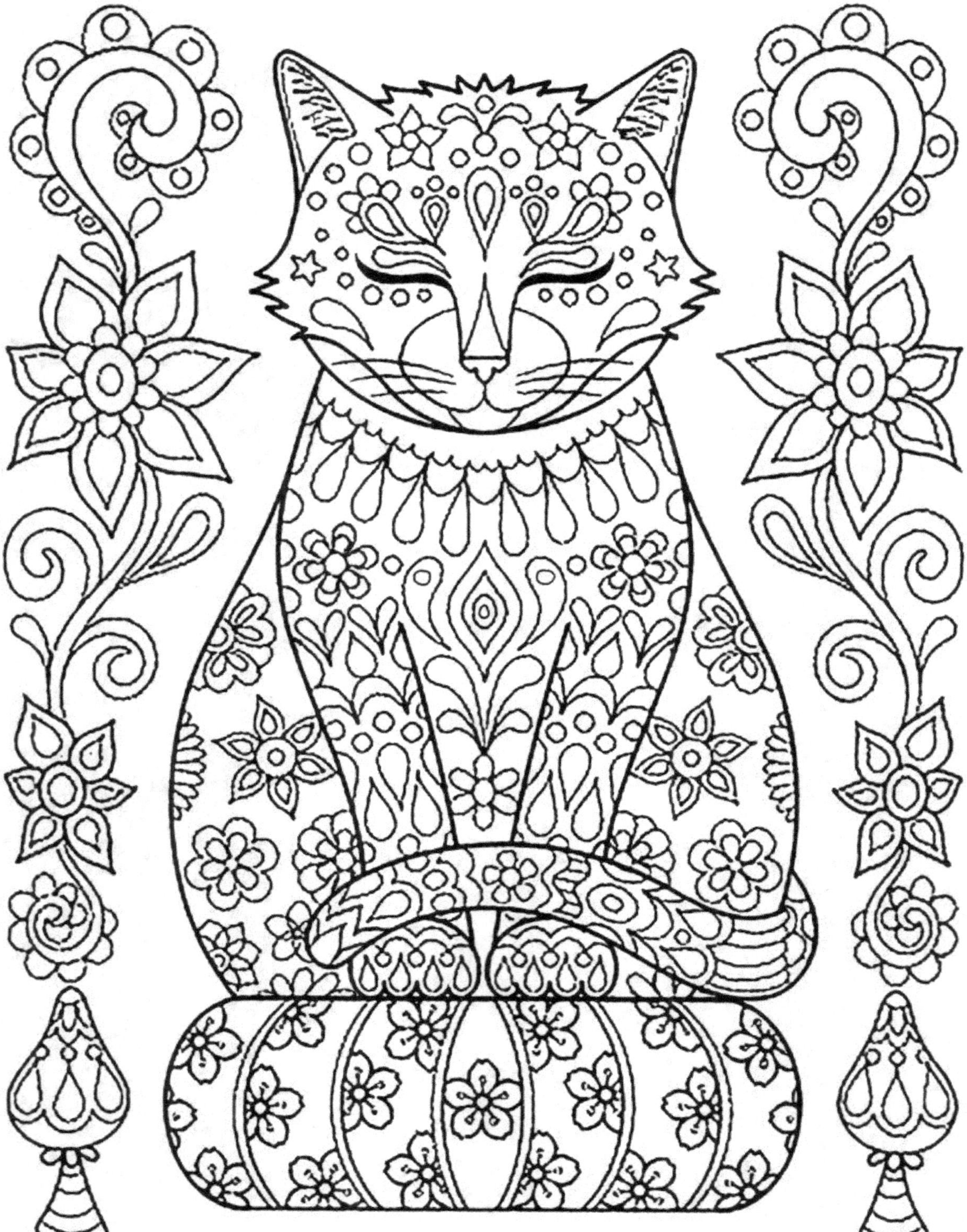

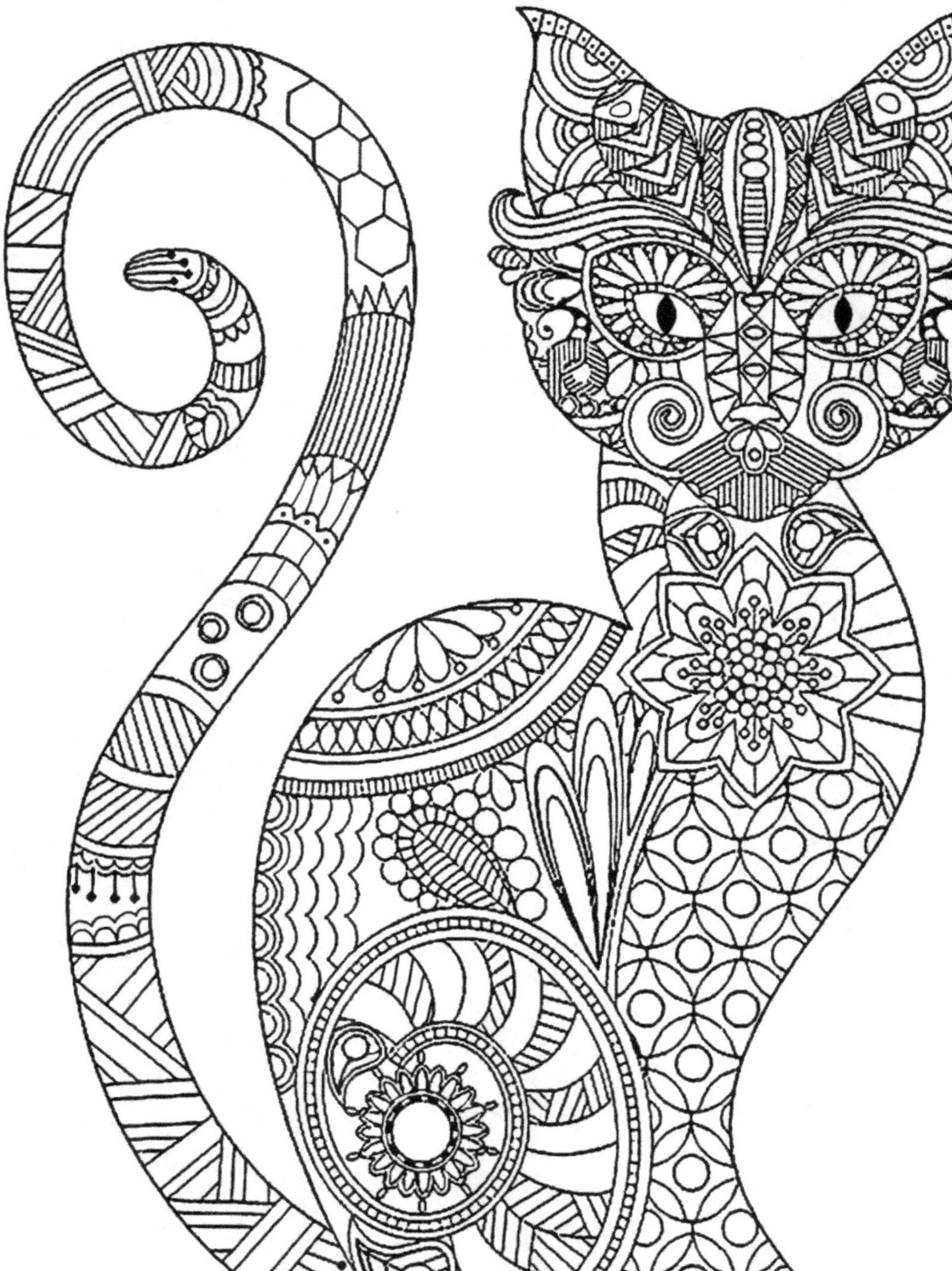

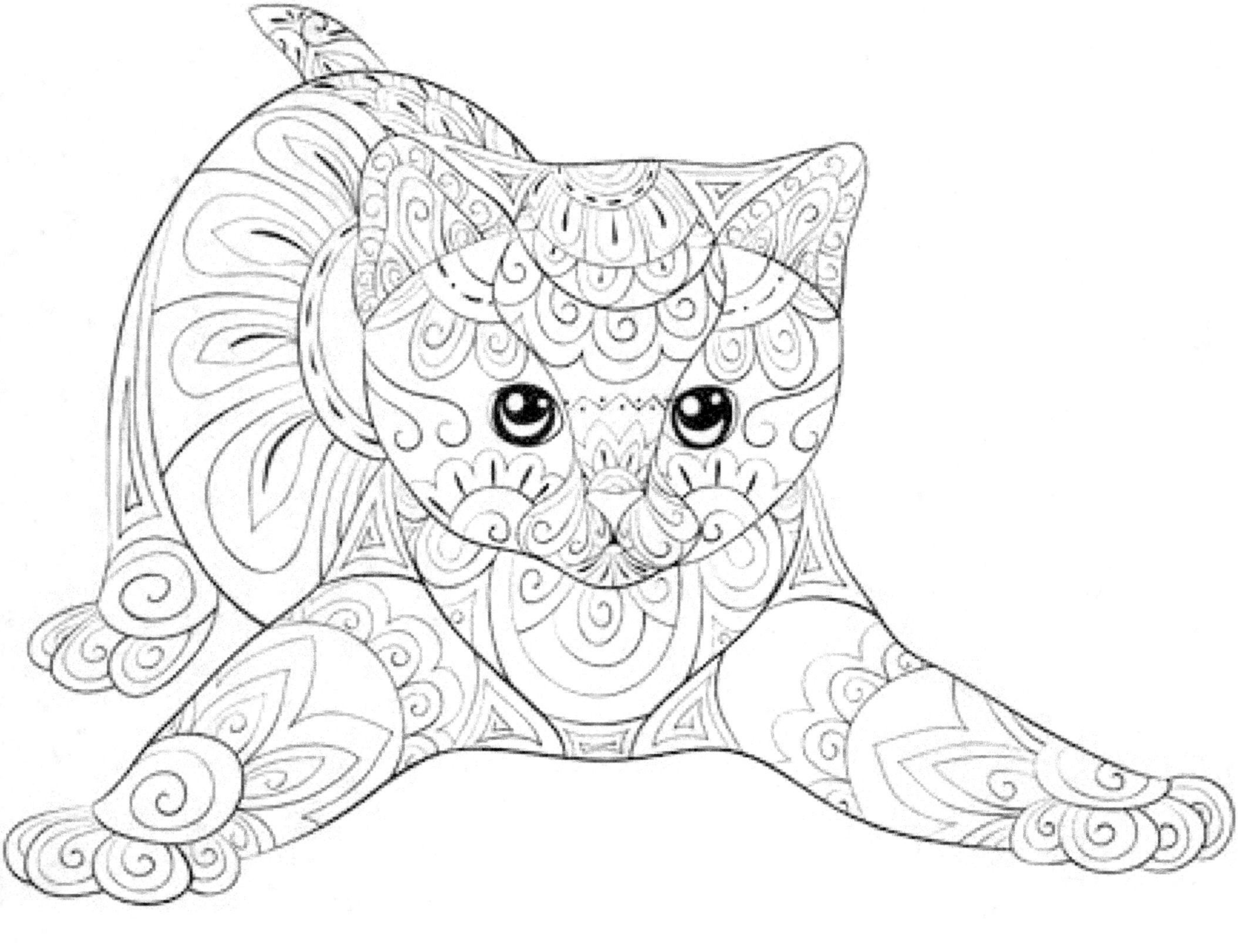

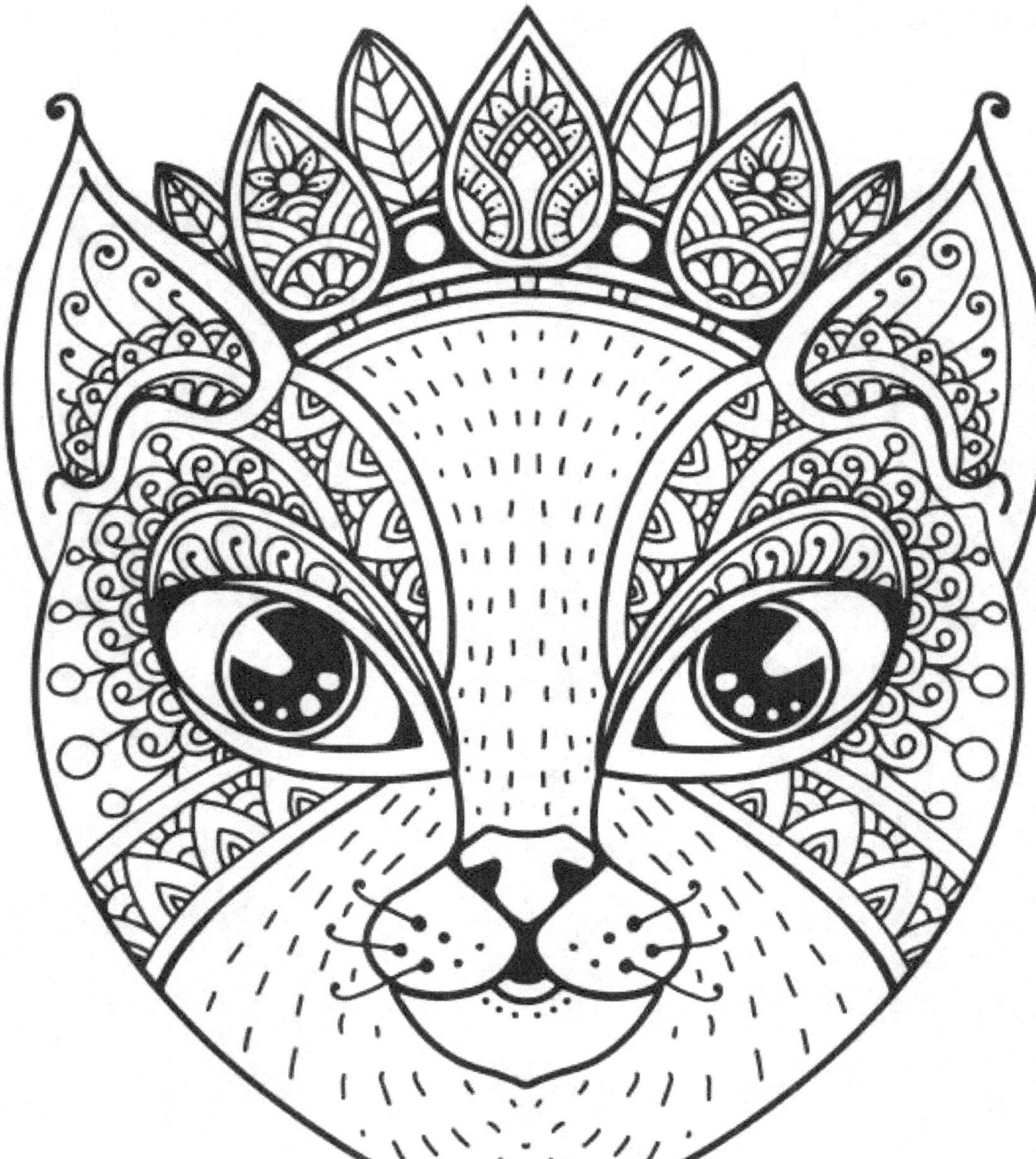

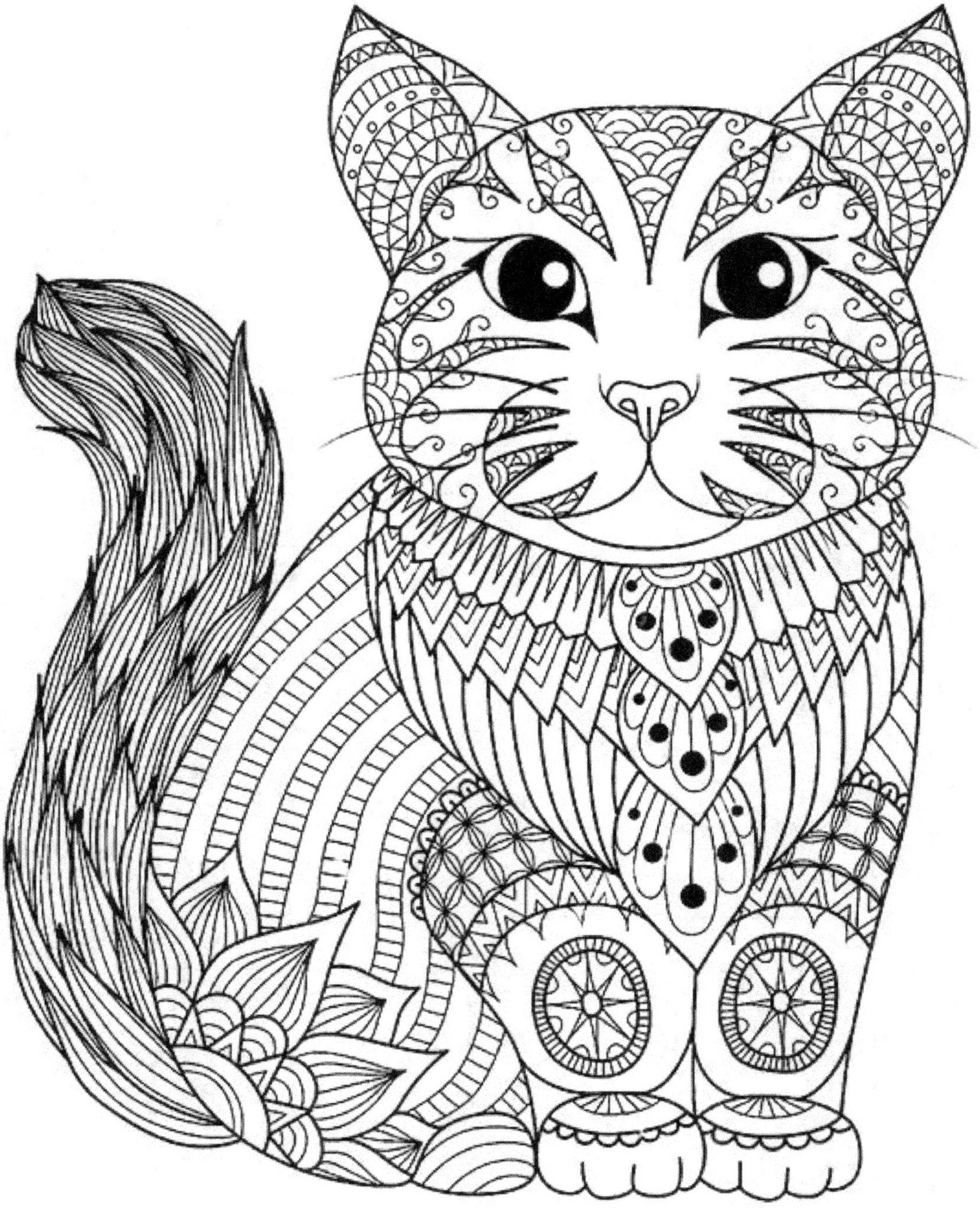

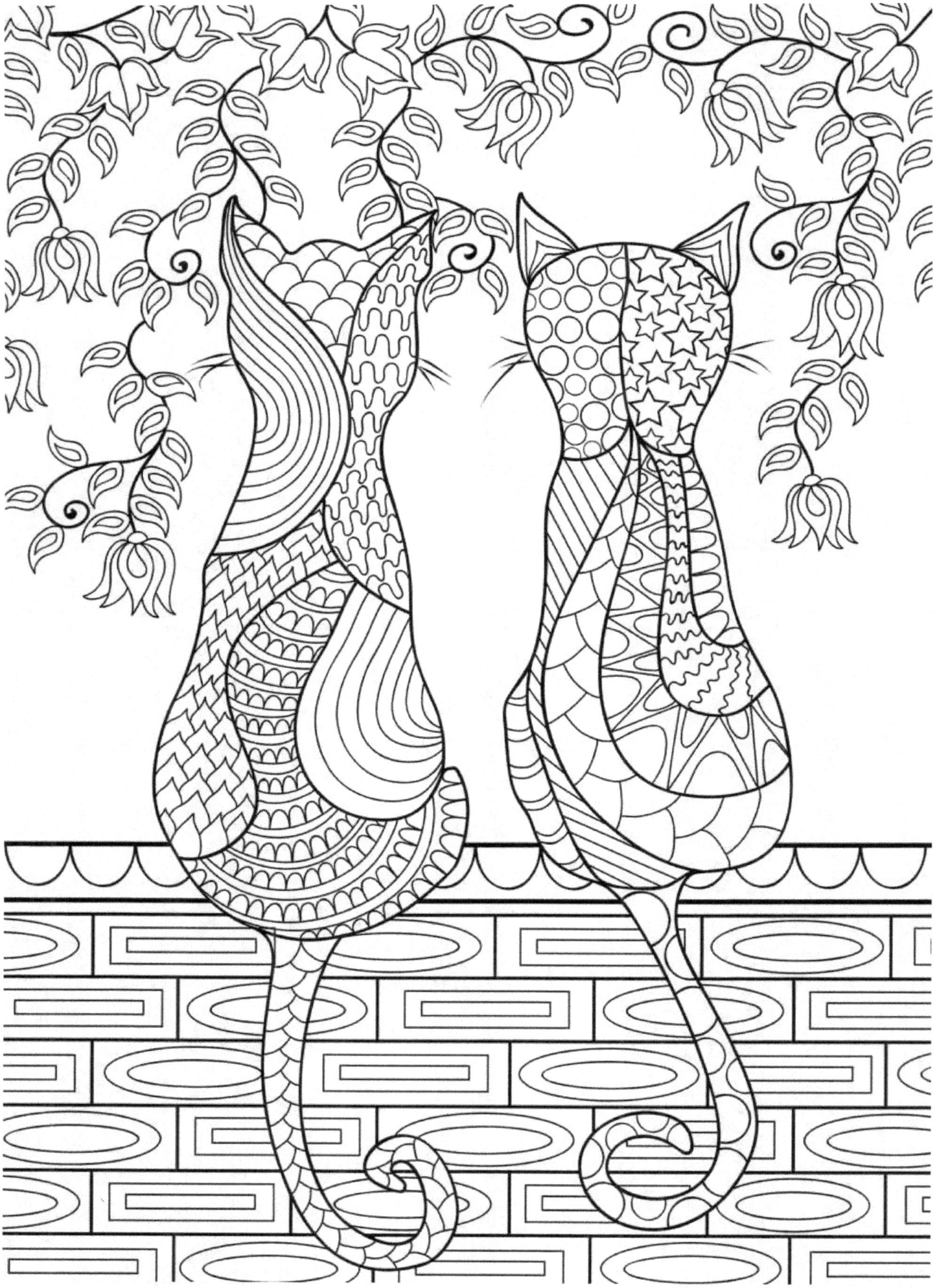

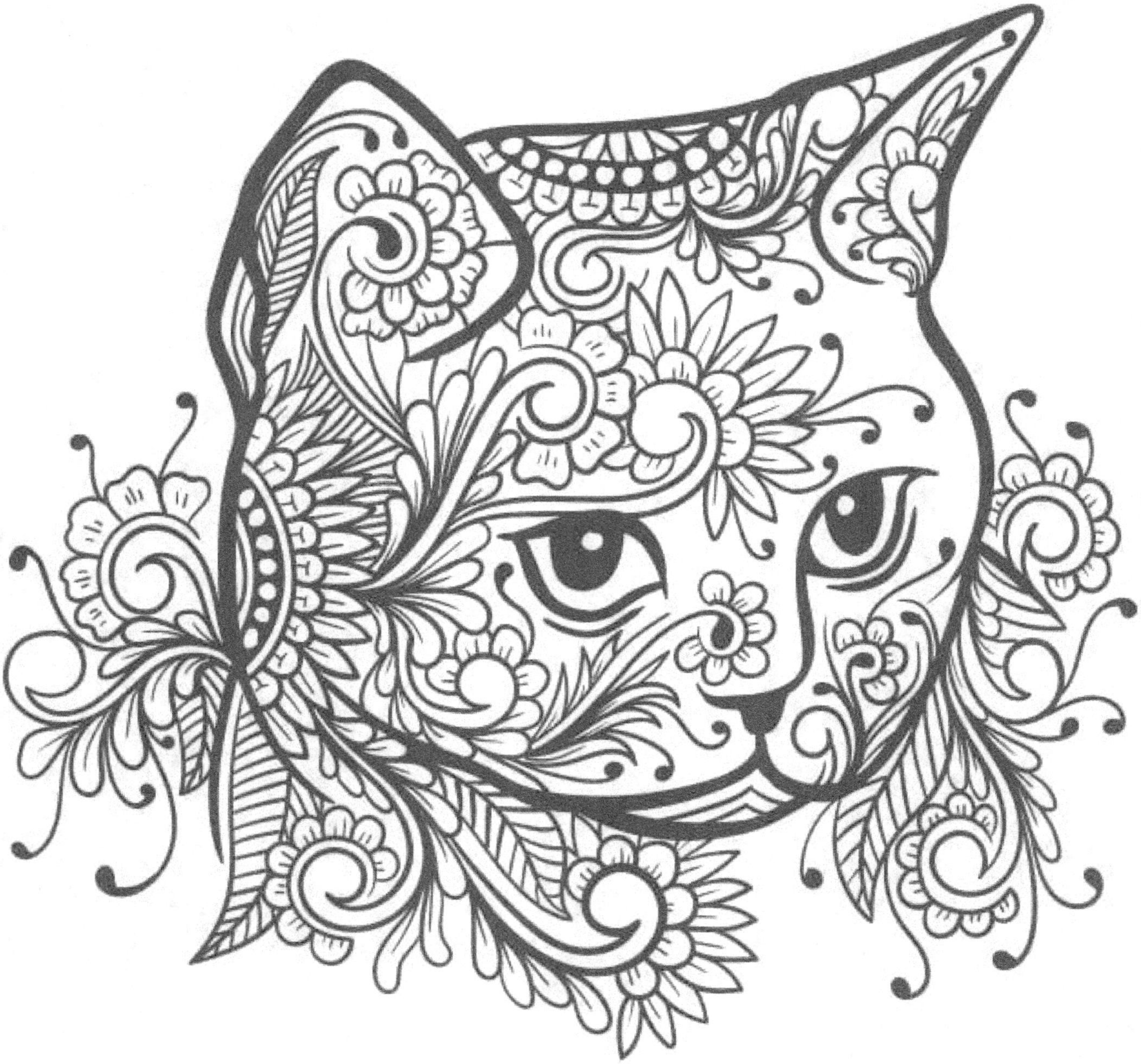

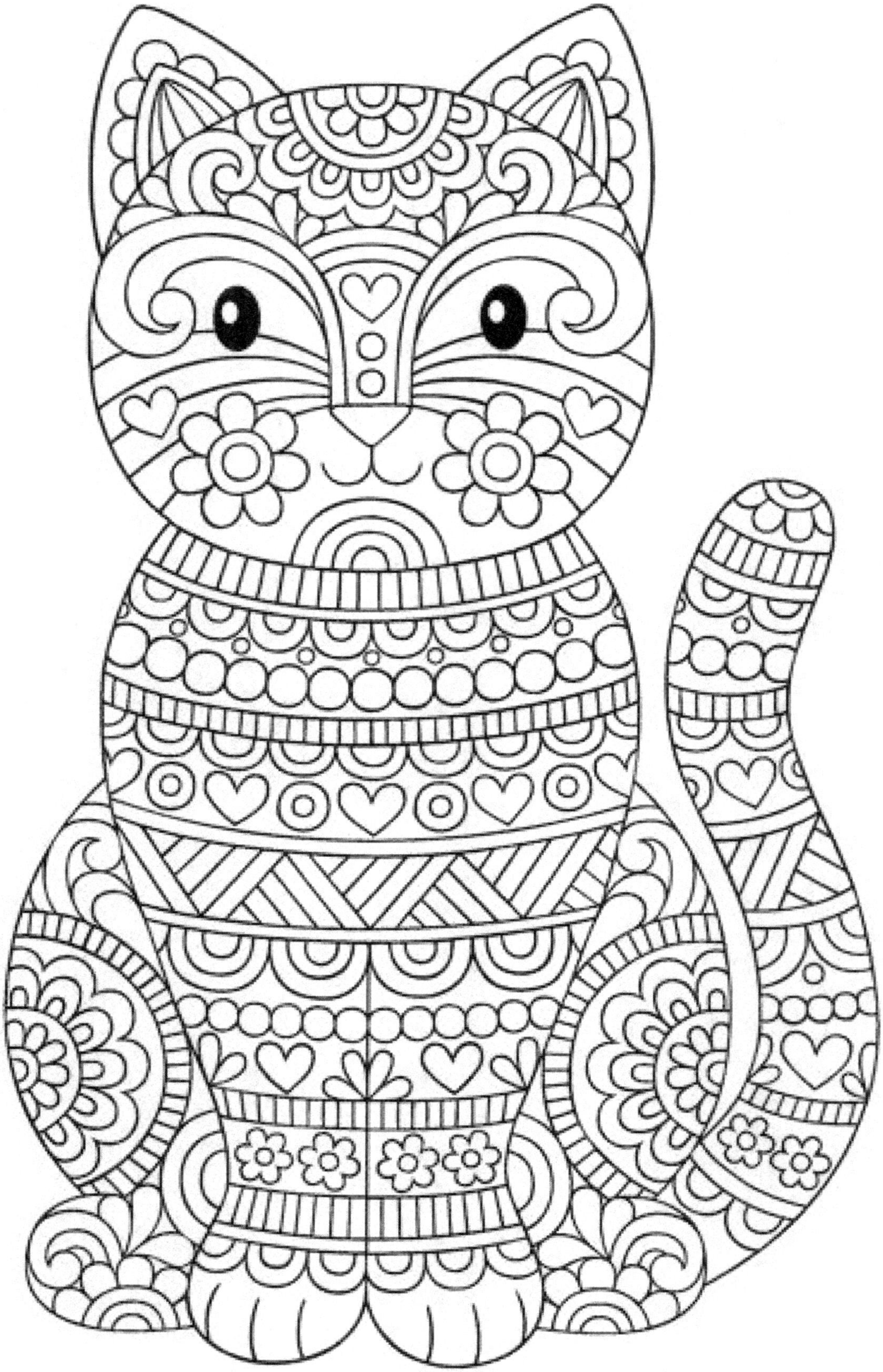

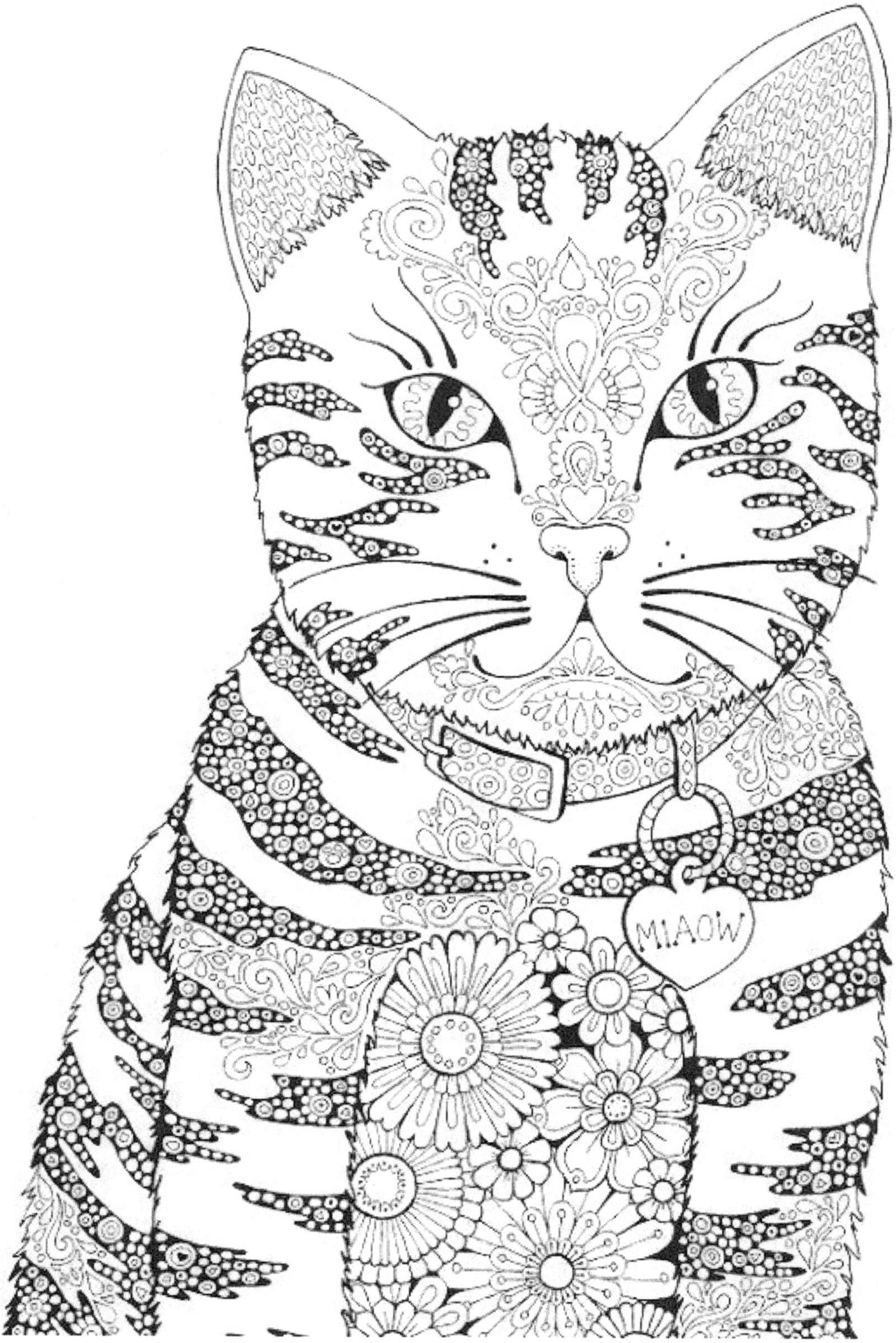
MIAOW

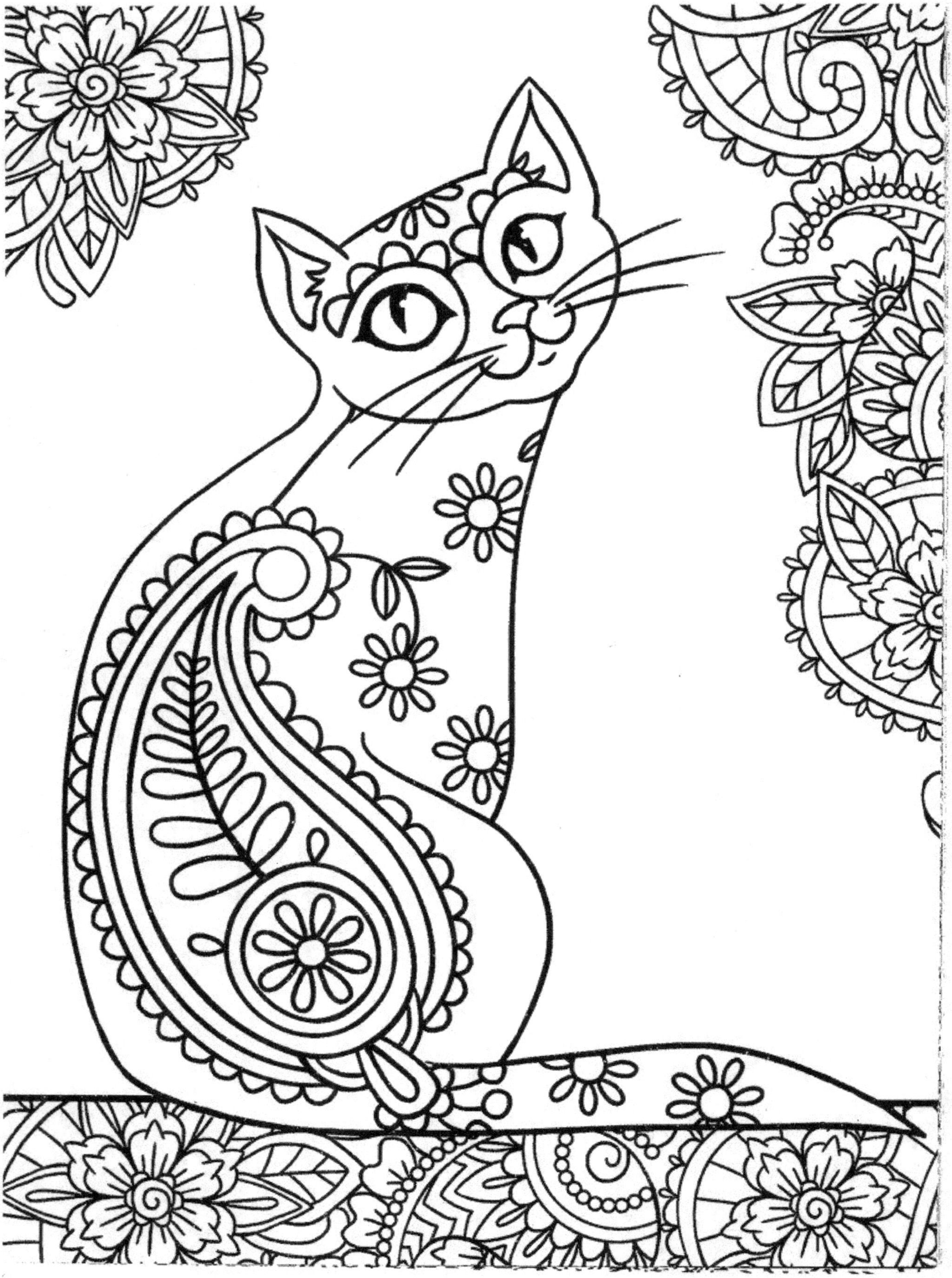

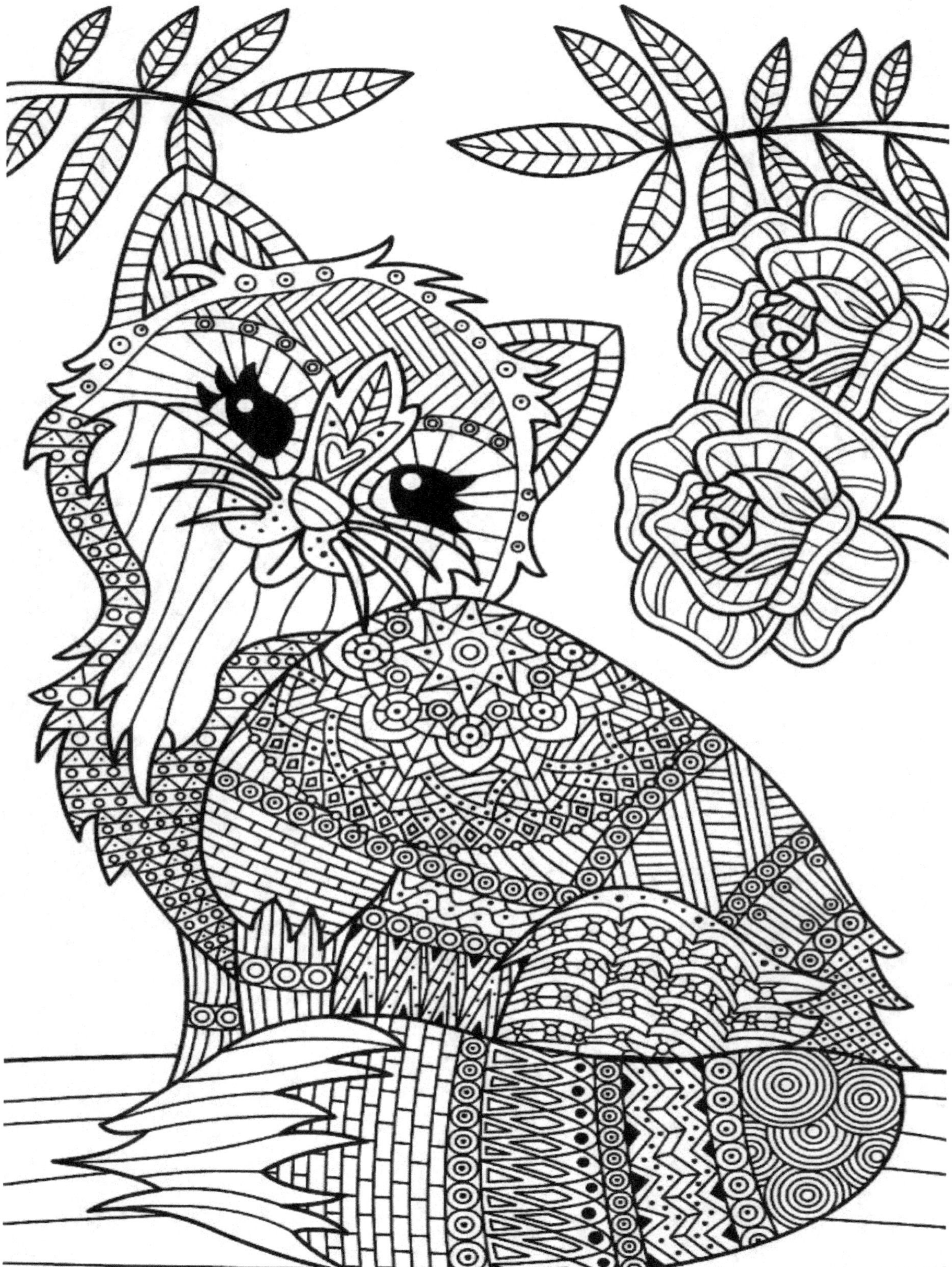

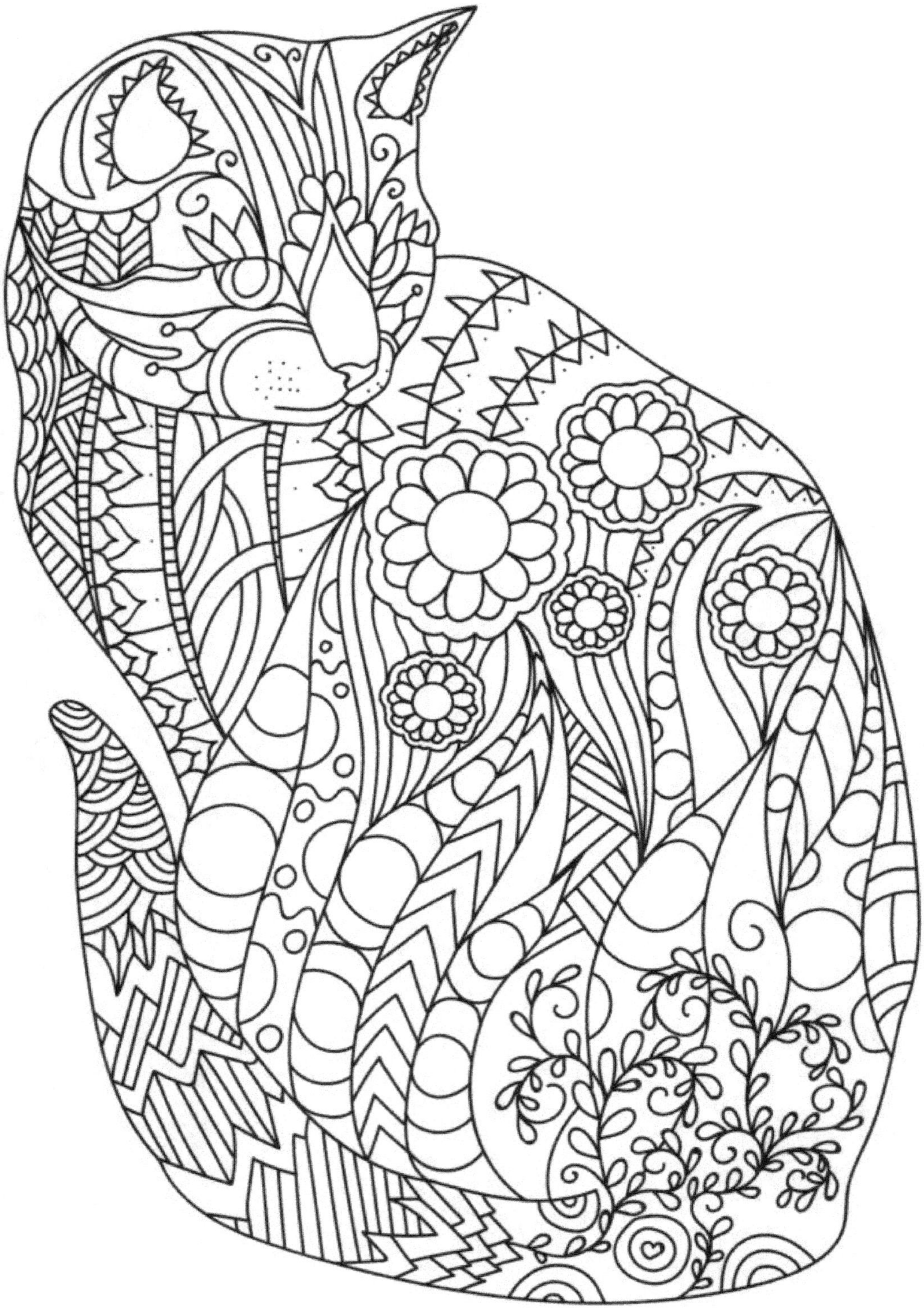

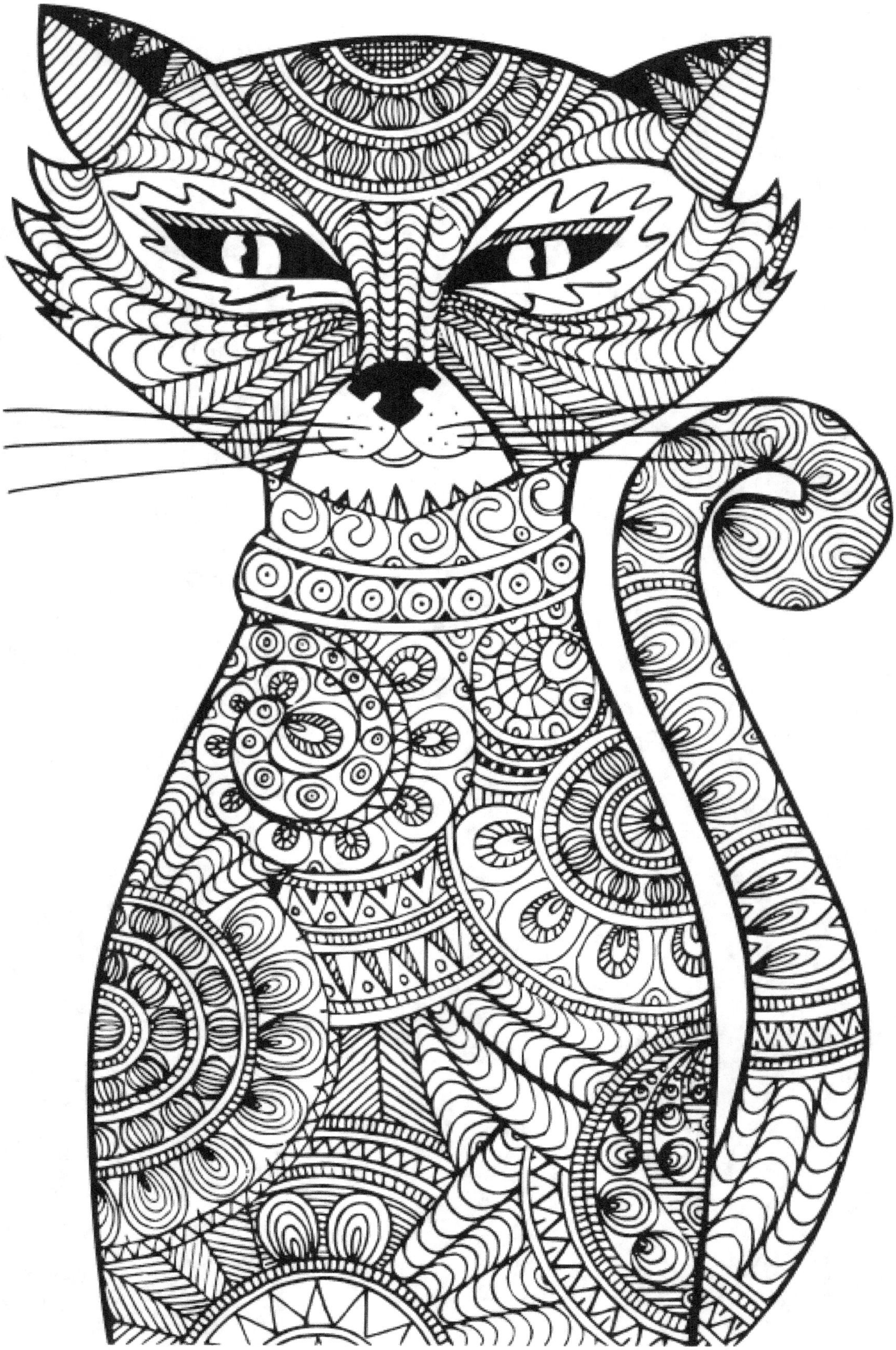

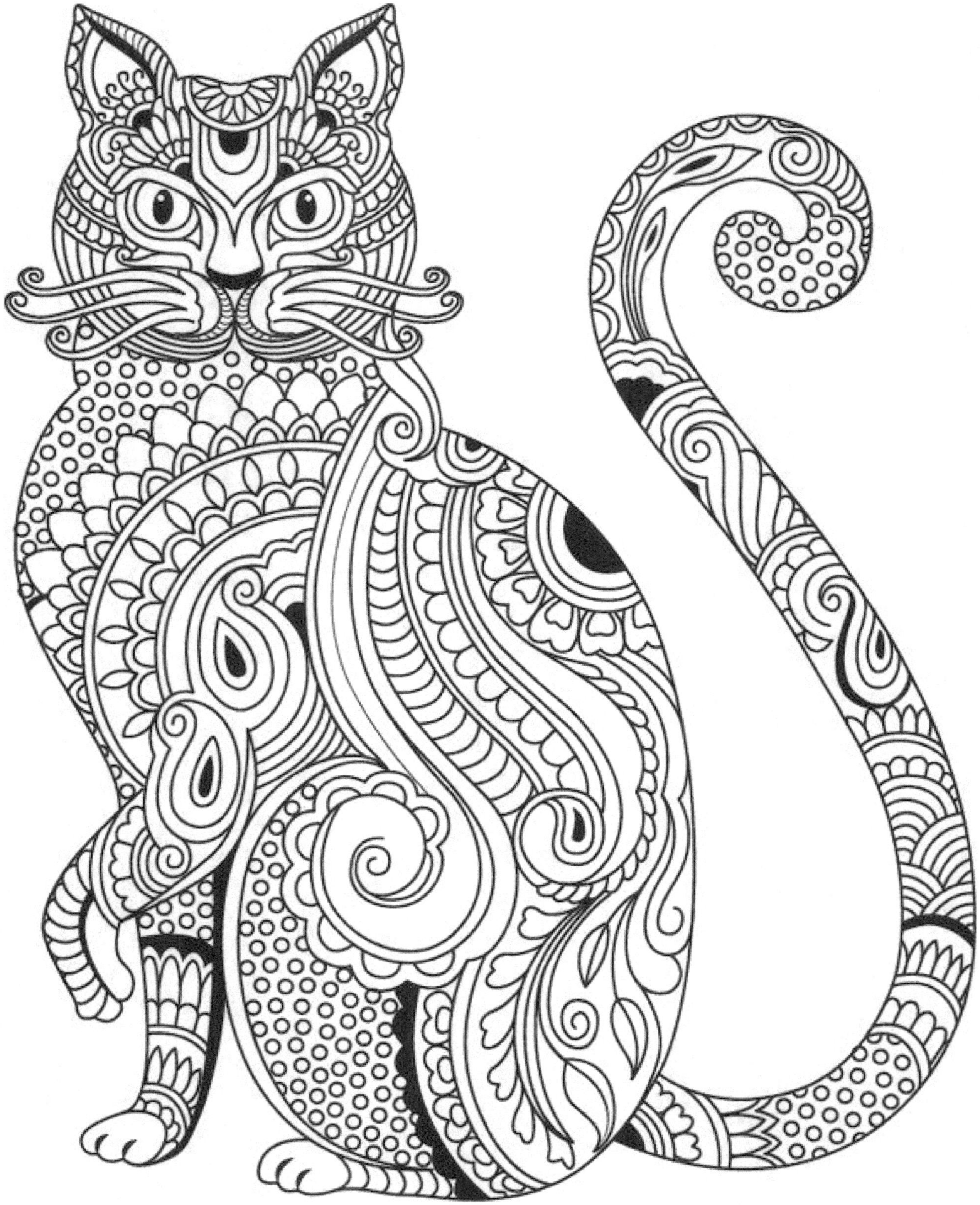

www.ingramcontent.com/pod-product-compliance
Lightning Source LLC
Chambersburg PA
CBHW080604220526
45466CB00010B/3241
* 9 7 9 8 5 7 8 8 0 9 7 5 0 *